변신을 통해 행복을 선물하는
헤어디자이너

변신을 통해 행복을 선물하는

헤어디자이너

김원일 지음

"
헤어디자이너 직업은 역동적이고 끊임없이 변화하길
원하는 사람들에게 큰 매력이 될 수 있습니다
"

“
남들과 같은 성공보다
내가 원하는 성공을 이루자.
”

- 나의 좌우명 -

"
사람들 위에 있는 오너보다
나의 사람들 앞에 서 있는 리더가 되자.

사랑받을 행동을 하고
사랑을 줄 수 있는 마음을 갖자.
"

- 나의 좌우명 -

C·O·N·T·E·N·T·S

PROPOSE

청소년 여러분 안녕하세요? 헤어디자이너 김원일입니다. 이렇게 지면으로 여러분을 만나게 되어 반갑고, 기쁜 마음입니다. 저는 청소년 여러분에게 헤어디자이너라는 매력적인 직업을 프러포즈하려고 합니다.

저의 직업은 일과 삶의 밸런스를 중요시하는 일명 '워라밸'의 대표적인 직업입니다. 헤어디자인은 다양한 헤어스타일을 통해 창의성을 표현할 수 있고, 고객을 위해 끊임없이 실험하고 독특한 모양을 만들 수 있는 예술의 한 형태입니다. 헤어디자이너는 누군가의 외모를 변화시키고 자신감을 북돋울 힘을 가지고 있으며, 사람들을 기분 좋게 만드는 보람 있는 직업입니다.

헤어디자이너는 미용실에서 일하는 것부터 패션쇼, 사진 촬영,

연예인 스타일링, 헤어디자이너를 양성하기 위해 지식을 전달하는 강습자(교수, 강사 등)로 활약하는 등 다양한 기회를 가질 수 있습니다. 이 직업은 역동적이고 끊임없이 변화하길 원하는 사람들에게 큰 매력으로 다가갈 수 있습니다. 미용실을 운영하거나 프리랜서로 활동할 수 있고, 작업 환경과 일정에 따라 유연한 시간을 가질 수 있으므로 일과 개인 생활의 균형을 찾는 '워라밸'이 충분히 가능한 직업입니다. 또한 뷰티 및 그루밍 업계에서 헤어디자이너에 대한 수요는 점점 증가하고 있습니다. 사람들은 이발, 헤어스타일링, 염색 및 기타 헤어 관련 서비스를 정기적으로 찾고 있고, 뷰티 및 퍼스널 케어 산업은 새로운 트렌드와 기술이 등장하면서 지속해서 성장하고 있습니다. 이러한 성장은 헤어디자이너가 기술을 확장하고 다양한 고객을 수용할 기회를 제공합니다.

헤어디자이너를 꿈꾸는 여러분, 창의성, 헌신, 근면, 공예에 대한 열정이 필요합니다. 헤어디자이너가 되겠다고 정했다면, 현장에서 일하는 실전 헤어디자이너가 될 것인지, 실전 헤어디자이너를 거쳐 교수, 강사 등 교육 방면의 헤어디자이너가 될 것인지, 어느 쪽이 본인의 적성에 맞는지 먼저 생각해 보길 바랍니다. 실전 헤어디자이너는 현장 경험이 중요하기 때문에 자격증을 먼저 취득한 후, 헤어숍 등의 현장 실습을 최대한 빨리 시작하기를 권해 드립니다. 실전 경험을 얻기 위해 인턴십, 견습생 또는 미용실에서 일할 수 있는 실습 기회를 찾으세요. 교육 방면의 헤어디자이너는 이론적 지식과 전달력이 중요하므로 미용학과가 개설된 대학교 및 아카데미에 입학하는 것을 추천합니다.

지금의 사회는 여러분에게 많은 스펙을 요구합니다. 내가 정말 원하는 일이 무엇인지, 내가 잘하는 일이 무엇인지 모르는 상황에서 어쩔 수 없이 직업을 갖게 될 수도 있습니다. 지금부터 천천히 미래에 대한 고민과 도전의 시간을 가져 보세요. 작은 씨앗이 굵은 열매가 되기까지는 눈에 보이지 않는 노력과 시간이 필요합니다. 걱정하지 마세요. 여러분에게는 아직 시간이 많이 남아있습니다. 기회가 있습니다. 어떤 장애물이 닥쳐도 극복할 힘이 있다는 것을 기억하십시오.

미래와 꿈은 아직 일어나지 않은 신기루입니다. 과거 나의 모습들이 모여 현재가 되고 현재의 내가 모여서 미래가 됩니다. 현재의 내가 아무것도 하지 않는다면 꿈은 그저 신기루일 뿐입니다. 미래의 나를 위해 현재의 내가 무엇인가를 계획하고 시작한다면, 여러분의 꿈은 반드시 실현될 거라고 믿습니다.

마지막으로 여러분의 기쁨, 성공, 성취로 가득 찬 미래를 기원합니다. 여러분이 하는 모든 일에서 계속 성장하고 배우고 밝게 빛나길 바랍니다.

헤어디자이너 김원일 드림

첫인사

편 **토크쇼 편집자**

김 **헤어디자이너 김원일**

편 선생님, 안녕하세요? TV에서 선생님 헤어숍과 블랙 래브라도 레트리버 순심이를 본 기억이 있는데, 직접 뵙게 되어 영광입니다. 선생님의 개성 있고 강렬한 스타일 앞에서 10년째 같은 헤어스타일을 하는 제가 부끄럽고 한편으로는 긴장되네요. 우리에게 너무나도 친숙한 직업, 전 국민이 최소 수십 번, 수백 번 이용했을 헤어숍의 헤어디자이너 선생님, 너무나 반갑습니다.

김 만나 뵙게 돼서 반갑습니다. 저의 반려견 순심이도 기억해 주셔서 감사합니다. 편집장님을 뵙고 인터뷰하게 돼서 기쁘고 떨리네요. 미용 일을 20년 넘게 하고 있지만, 책 인터뷰는 처음이라 잘 부탁드립니다.

편 선생님은 헤어숍을 운영하면서 학교와 아카데미, 문화센터 등 여러 곳에서 후학을 양성하고 계시는데요, 이렇게 활발한 활동을 하는 이유가 있나요?

김 미용 일은 이론보다는 실기가 중요한 직업이라 현장 실무 경험이 매우 중요합니다. 그런데 저희 숍에 취업하러 오는 친구들을 보니, 실기에 필요한 기본기보다 화려한 기술만 익히고 현장에 나와서 힘들어하는 모습을 많이 봤어요. 고객으로 오시는 분 중에도 젊었을 때 미용 일을 하다가 결혼 후에 자녀가 생기면서 그만둔 분들도 있었는데, 저에게 이제라도 미용 일을 다시 할 수 있을까요?라는 질문을 하곤 하셨죠. 미용 일을 시작하는 어린 친구들과 늦게라도 다시 일을 시작해 보려는 분들을 보면서 안쓰러움을 느끼게 되었고, 도울 방법을 찾다가 대학원을 다니며 많은 기회를 얻게 되어 더 활발하게 활동할 수 있게 된 것 같습니다.

편 이 직업을 청소년들에게 프러포즈하는 특별한 이유가 있나요?

김 현대 사회에서 직업이란 내가 꿈꾸는 인생을 위한 하나의 수단이라고 생각해요. 이 말은 갈수록 우리가 중요하게 여기는 것은 즐거운 삶이 최우선시되고 있다는 말인데, 그런 면에서 헤어디자이너라는 직업은 취미 생활도 즐길 수 있고, 하루 종일 일해서 월급을 받는 영원한 직원이 아닌 오너나 리더가 될 수 있으며, 프리랜서로 내가 원하는 시간, 장소 등을 본인이 결정할 수 있습니다. 내가 주체가 될 수 있고, 교육 쪽 진로도 있어서 본인의 적성에 맞는 여러 가지 선택지가 많다는 장점도 있고요. 앞으로 AI가 대체할 수 없는 영역의 직업이기도 하죠.

편 선생님, 저는 사실 오늘 아침에 옷을 걸치고, 머리를 하나로 묶는 것도 너무 일인 거예요. 그래서 타인의 취향을 전부 파악한 후에 헤어스타일로 변화를 주는 헤어디자이너 직업의 전문성과 특이성이 신비롭게 느껴집니다. 타인의 취향을 간파해서 그들의 욕구와 전문가의 기술을 결합하는 게 어렵지 않나요?

김 저 역시 지금도 어렵습니다. 처음 시작할 때는 기술력을 키우는데, 이 단계에서는 당연히 타인의 취향까지 간파해서 추천한다는 것은 힘든 일이에요. 이 시기에는 기본기를 다지고, 동료나 고객들과 소통하는 데에도 에너지가 부족하기 때문입니다. 그러나 이 단계가 지나 경력이 쌓이고 노련미가 생기면서 어느 순간 타인의 마음과 생각을 읽는 능력이 생기는 시점이 오게 되죠. 그때부터는 고객이나 타인의 취향을 보려고 하고 이해하려는 마음가짐이 생기면서 나의 기술력과 내 생각의 일치점이 만나면, 고객의 욕구와 내 기술을 결합하는 것이 어렵지 않게 되는 것 같아요.

편 저는 지금까지 많은 직업인을 인터뷰했는데요, 항상 깊이 있게 질문하는 게 있습니다. 선생님은 진정한 직업인이란 어떤 사람이라고 생각하나요?

김 표면적으로 진정한 직업인이란 자기 직업에 최선을 다하는 사람이라고 말할 수 있겠지만, 제 생각에 진정한 직업인이란 있을 수 없다고 생각해요. 앞에서 말씀드렸듯이 직업이란 내 삶을 위한 수단이 되어야 한다고 생각하는데, 진정한 직업인으로 살아간다면 과연 내 인생의 주인이 내가 될 수 있을까요? 진정한 직업인이 되기 위해 내가 가지고 있는 모든 힘을 쏟아붓는다면, 나의 행복은 어떻게 될까요? 사회가 원하는 최선을 다하는 직업인이 되려고 노력하는 것보다 진실한 마음가짐을 가지고 일하는 직업인이 되었으면 합니다.

편 아름다움에 관한 관심과 노력은 인간 누구나 갖는 본능인데요. 이상한 질문일 수도 있지만, 선생님은 어떤 사람을 볼 때 개성 있고, 아름답다고 느끼나요? 전문가가 보는 아름다움의 기준은 뭔가 다를 것 같아요.

김 제가 보는 개성 있는 사람은 화려한 패션과 헤어를 하고 다니는 사람보다는 때와 장소, 본인의 성격 등을 조화롭게 표현하면서 타인의 시선을 의식하지 않지만 배려해 주는 사람이에요. 자기만의 기준이 확실히 있어서 본인의 장점을 살리고 단점을 보완해 꾸민다면, 그것이 진정한 아름다움이라고 생각합니다.

⊙ 현장에서 실시간으로 올림머리를 시연하는 장면

석사 모두가 참여하는 헤어쇼지만, 이날은 내가
주인공이라는 마인드로 실시간 시연을 선택했어요.
모델의 머리를 올려서 미리 만들어 둔 가모를
고정하는 장면이에요. 올림머리를 하기 위해 백홈을
뿌리 쪽에 넣은 뒤 백 머리를 하나로 묶어서 토대를
만들고, 사이드 머리를 뒤로 쓸어 모아서 정갈한
머리를 표현한 뒤 가모를 고정해요. 거기에 미리
만들어온 액세서리로 포인트를 주고 스프레이를
뿌려서 고정한 후, 마지막에 부채를 이용해
반짝이를 뿌리는 퍼포먼스를 했죠. 지금도 이날을
생각하면 모두의 시선을 한 몸에 받았던 기억이
생생해서 현장의 분위기가 느껴지는 듯해요.

변신을 통해 행복을 선물하는
헤어디자이너

편 외모와 스타일의 변화를 통해 삶의 행복을 선물하는 헤어 디자이너의 세계로 들어가 보겠습니다.

헤어의 세계

헤어란 무엇인가요?

편 헤어^{Hair}란 무엇인가요?

김 사람들은 흔히 헤어라고 하면 모발만 생각하는데요. 헤어는 모발과 두피로 구성되어 있어요. 모발의 사전적 정의는 사람 신체의 털을 통틀어 이르는 말이며, 일반적으로 사람의 머리털을 의미하기도 합니다. 모발의 명칭은 두발, 수염, 눈썹, 속눈썹, 코털, 겨드랑이털, 음모, 솜털, 등으로 구분하여 여러 이름으로 불리는데, 이것은 자란 부위에 따라 붙여진 명칭이라고 할 수 있어요. 모발은 실처럼 가느다란 모양으로 피부 밖으로 자라게 되며 케라틴이라는 단백질로 구성되어 있죠. 따라서 모발이란 용어는 다소 광범위하므로 헤어에서 모발은 두발에 한정한 것으로 말할 수 있습니다.

이러한 모발의 기능은 외부로부터 우리의 몸을 보호하는 기능과 미용적인 기능으로 구분할 수 있어요. 첫째 몸을 보호하는 역할로써 외부의 온도, 물질, 마찰 등으로부터 보호하고, 그리고 몸속의 노폐물을 배출하여 신체를 보호하는 역할을 하죠. 두 번째 미용적인 기능으로는 아름다움과 개성을 표현하는 수단으로 사용되는 자체라고 볼 수 있어요.

헤어디자인에 대해 궁금해요.

편 헤어디자인에 대해 궁금해요. 헤어디자인이란 무엇인가요?

김 헤어숍에서 하는 염색, 펌, 커트의 세 가지 시술을 일반적으로 헤어디자인이라고 해요. 염색은 염모제를 이용해 모발 본래의 색을 인공적인 색으로 수정하여 표현하는 것으로, 헤어디자이너가 고객과 상담 후 고객이 원하는 컬러를 찾아 만들어 주는 행위예요. 새치 염색, 멋내기 염색, 탈색이 염색에 포함되죠.

펌은 펌제를 이용해 모발을 구부리거나 펴는 행위로 일반 펌과 열펌으로 나뉘는데요. 흔히들 스트레이트 또는 웨이브라고 해요. 일반 펌은 플라스틱을 이용해서 하는 펌으로 우리가 흔히 해오던 펌이죠. 열펌은 일반 펌에 비해 시간도 오래 걸리고 가격도 비싼 편이에요. 그 이유는 약 자체의 단가도 비싸지만, 헤어디자이너의 기술력과 노동이 그만큼 많이 들어가기 때문이라고 볼 수 있고, 열펌을 하는 고객층 또한 젊은 여성이나 남성으로 자연스러운 아름다움을 원하는 고객이 더 많기 때문이기도 합니다.

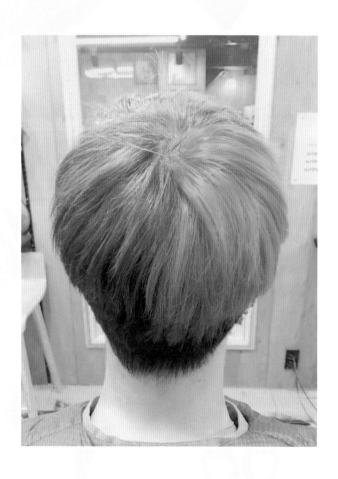

⊙ 일반적인 염색이 아닌 원색을 표현하기 위한 작품

컬러 섹션을 네 개로 나누어서 각각 다른 색을 입혔고,
탈색을 3~4회 진행했어요. 이 헤어는 두피에 자극이 안
가도록 뿌리 쪽에 1센티 간격을 두는데, 탈색을 여러 차례
진행한 후 마지막 탈색 과정에서 뿌리까지 탈색해요.
두피 손상을 예방하려는 방법이죠. 탈색할 때는 열처리를
하지 않아요. 탈색 약이 끓어오를 수 있어서 두피가
손상되거나 탈모가 될 수 있기 때문이에요. 열처리의
대안으로 스팀 처리를 하여 탈색 약의 경화를 막아요.
마지막에 포일을 입혀서 10~30분 정도 두고, 원하는
컬러를 입히고요. 뿌리 쪽 컬러는 좀 더 어둡게 처리하는
것이 일반적이에요.

⊙ **바버 숍 커트, 페이드 컷**

페이드 컷은 사이드와 뒷면을 두피가 보일 정도로 짧게
잘라요. 가르마를 타기 편하도록 스크래치로 가르마
라인을 만들어 주면, 머리를 말릴 때 저절로 가르마가
생기죠. 스타일링은 포마드 제품을 이용해요. 왁스나
젤은 자연스러운 헤어를 연출하지만, 포마드 제품은
윤기가 나고 강한 고정이 필요한 헤어를 연출하기에
좋아요.

⊙ 어린이 고객의 투 볼록 가르마 펌

어린이의 경우는 모발이 건강하기 때문에 펌이 잘 나오지 않아요.
어린이의 보호자들은 강한 컬을 선호하지 않고, TV에 나온 아역
배우들의 헤어를 보고 요구하는 경우가 많죠. 컬이 강하게 나오거나
컬이 약해서 풀려도 안 되기 때문에 어린이 고객은 어려운 고객층에
속해요. 이 어린이의 펌은 로드의 굵기와 크기 선정이 가장 중요해요.
보호자가 원하는 가르마 방향을 만들어줘야 해요.

커트는 모발을 자르는 행위로 길이는 롱, 미디엄, 숏 이렇게 세 가지가 있고 층은 원랭스, 그래쥬에이션, 레이어가 있어요. 이 기술을 이용해 고객의 취향에 맞게 디자인하는 거죠. 헤어디자인 중에서 가장 기본이 되는 행위이며, 제일 중시 여겨지는 요소이기도 하면서 헤어디자인의 시작이라고 말할 수 있어요.

헤어숍은 어떤 곳인가요?

편 헤어숍은 어떤 곳인가요?

김 헤어스타일링을 하는 장소죠. 고객이 구현하고 싶은 아름다움을 제공하는 곳이에요. 그리고 다른 의미에서는 치유 공간이기도 하고요. 스트레스를 받으면 머리하러 간다고 하잖아요. 헤어스타일링을 통해서 사람들이 힐링하는 장소가 되기도 합니다.

　헤어숍은 사람들을 편안하게 해주는 인테리어나 주차, 음료 등 고객들이 왔을 때 안락하게 느낄 수 있도록 여러 가지 서비스도 신경 써야 해요. 헤어 기술뿐만 아니라 서비스를 복합적으로 제공하는 곳이거든요. 고급 살롱이나 고가의 미용실에서는 카페처럼 커피 머신을 두고 좋은 원두를 사용하면서 다양한 음료들을 제공하기도 해요. 점심시간에는 김밥, 샌드위치, 빵처럼 간단하게 먹을 수 있는 것들을 뷔페처럼 차려 놓는 곳도 있고요. 의자나 소파들도 더 고급화되고, 와인이나 술을 구비해 놓는 곳도 있어요. 머리만 하러 가는 곳이 아니라 여유 있게 머물면서 쉬는 공간이 된 거죠. 그러면서 서비스에 맞게 인테리어나 공간까지도 바뀌어 가고 있는 거예요.

⊙ 두 번째 운영한 미용실

용산에서 35평 정도의 공간을 사용했어요. 직원 다섯
명을 고용했고, 3년 이상 장기근무자들이 생기면서 저
또한 대학원에 진학하여 공부를 이어갈 수 있었던 의미
있는 공간이에요. 고객들의 연령대가 높았지만 2층에
미용실을 개업했고, 원장인 저는 휴무 없이 주 7일
열었어요. 당시에 남성 커트비는 18,000원이었죠. 대형견
래브라도 레트리버 순심이와 함께 하기 위해 이곳에
개업했어요.

최초로 헤어 시술이 등장한 건 언제예요?

편 최초로 헤어 시술이 등장한 건 언제예요?

김 헤어 시술이란 미용사가 머리를 만들어 주는 행위라고 할 수 있는데요, 미용사는 미용기구를 사용하여 고객의 머리를 아름답게 가꾸어 손질해 주는 사람이라고 지칭합니다. 따라서 미용사가 헤어를 시술하는 행위를 미용이라 부르죠. 그렇다면 미용의 역사는 인간이 가지고 있는 아름다워지고 싶은 욕망에서부터 시작했다고 할 수 있을 거예요.

과거에는 미용사라는 말을 사용하지 않았을 거라고 짐작해 본다면, 조선시대 숙종 때 화장품을 가지고 집에 방문해 판매하고, 화장과 머리도 해주었다는 매분구에 관한 기록이 있어요. 하지만 본격적으로 우리나라의 헤어가 발달하기 시작한 시기는 일본에 의해서 단발령이 시행돼 전통 머리인 상투나 댕기 머리가 사라지고 서양의 헤어스타일이 들어오면서부터라고 볼 수 있어요. 1895년에 일본의 강요로 고종에게 상투 문화를 없애고 머리를 짧게 자르도록 강요한 단발령을 공포했는데요, 1900년부터 우리나라 최초 헤어 시술이 등장했다고 할 수 있을 것 같아요.

헤어 산업은 어떻게 발전했나요?

편 우리나라의 헤어 산업은 어떻게 발전했나요?

김 과거에는 헤어 산업이라고 해도 보통 미용실 아니면 이발소였죠. 그리고 직원들이 실습하면서 기술을 익히는 곳이었고요. 그런데 지금은 종합적인 뷰티 숍, 뷰티 살롱이라고 하거든요. 휴식과 힐링을 제공하는 역할도 하고 네일, 피부 마사지, 메이크업 등 헤어를 포함한 전체적인 뷰티를 창조하는 곳이 되면서 뷰티 숍으로 발전했어요.

그리고 직원들도 일하면서 배우는 게 아니라 교육을 받고 온 전문가들이죠. 과거의 미용실이나 이발소 개념에서 뷰티 전체를 포괄하는 뷰티 숍으로 발전하고 있어요. 요즘은 이발소도 한 단계 업그레이드돼서 해외의 바버 숍처럼 예약제로 운영하고 있잖아요. 미용실, 이발소에서 헤어숍, 뷰티 숍 등의 토털 서비스로 바뀌고 있어요.

세계 시장에서 우리나라 헤어 산업의
수준은 어느 정도예요?

편 우리나라 헤어 산업의 수준은 어느 정도라고 생각하세요? 세계적으로 어느 위치에 있을까요?

김 헤어 산업은 고객의 미적 욕구를 충족시키기 위해 미용기기와 제품, 다양한 콘텐츠를 만들어 내는 산업이에요. 기업이 해오던 산업에서 이제는 개인이 SNS 등을 통해 개인의 기술까지도 홍보하는 시대로 바뀌면서 이것 또한 헤어 산업의 하나로 자리 잡아가는 중이죠. 우리나라가 IT 쪽에서도 1등이듯이 기술, 사용하는 약품, 서비스 등 모든 면에서 1등인 것 같아요. 물론 헤어 약품 중에는 수입되는 것도 많죠. 사람들이 수입 제품을 선호하지만, 사실 수입품의 품질이 월등히 좋아서 사용하는 건 아니에요. 우리나라는 수제품을 만드는 장인들에 대한 처우가 좋지 않지만, 외국은 그렇지 않아서 고가의 수제품 산업이 발달한 거 같아요. 외국은 장인들이 만드는 수제품에 대한 인식이 좋고, 가치를 더 높게 평가하죠. 가방도 기계가 아니라 장인이 손수 만들면 한정판 명품이라고 비싸게 팔잖아요. 그런 인식 때문에 해외 헤어 제품을 쓰는 경우가 있어요.

또 패션이나 뷰티의 역사가 긴 영국이나 해외의 비싼 제품들을 들여와서 고가 콘셉트를 내세워 판매하기도 하고요.

편 헤어 산업이 가장 발달한 나라는 어디예요?

김 예전에는 헤어디자이너들도 영국의 비달사순이나 토니앤가이 같은 곳에서 공부하고 와야만 국내에서 인정받는 분위기였어요. 아시아에서는 일본의 헤어 산업이 제일 먼저 발전했기 때문에, 일본으로 유학을 많이 갔고요. 지금도 그런 분위기가 조금 남아있는 건 사실이에요. 그런데도 우리나라를 1등이라고 말하는 건, 현장에서 직접 부딪혀서 일해 보니 헤어 제품의 품질이나 디자이너들의 기술력이 많이 좋아졌어요. 그리고 서울에도 이미 뷰티 아카데미들이 많아서 굳이 외국에 가지 않아도 배울 기회가 충분히 있죠. 이제는 반대로 중국이나 일본, 베트남에서 우리나라 헤어 기술을 배우러 오는 경우도 많아요. 우리나라 회사들이 만드는 매직기나 열풍 기계도 많이 수출하거든요. 유럽 국가들은 아직도 자신들이 우월하다고 생각해서 다른 나라 제품을 잘 수입하지 않지만, 지금은 설사 유럽으로 유학을 가더라도 그곳에서 선진적인 무언가를 배워온다는 느낌은 전혀 없어요. 그래서 저는 뷰티 산업, 헤어 산업은 이제는 한국이 1등이라고 생각해요.

헤어숍은 사람들에게 어떤 의미가 있을까요?

편 헤어숍은 사람들에게 어떤 의미가 있을까요?

김 단순하게는 아름다운 헤어스타일링을 하는 공간이에요. 자신만의 스타일과 개성을 찾아내고 살려주는 공간이죠. 나아가서는 힐링하고 휴식하는 공간이기도 해요. 실제로 연인과 헤어졌거나 기분 전환이 필요할 때 헤어숍에 많이 가잖아요. 그리고 사랑방처럼 만남의 장소가 되기도 해요. 동네에 있는 헤어숍에 가서 머리를 하고 있으면, 서로 다 만나게 되거든요. 커뮤니티의 장소가 되는 거죠. 또, 면접이나 결혼식처럼 스타일링이 필요한 순간에는 결정적인 도움을 주는 역할도 하고요. 중요한 날인데 거기에 맞는 스타일링을 혼자 하기 힘들 때가 많잖아요. 저는 패션의 완성은 헤어라고 생각해요. 헤어가 옷이나 분위기에 맞느냐에 따라서 다르게 보이거든요.

헤어숍에서 제공하는 서비스는 어떤 건가요?

편 헤어숍에서 제공하는 서비스에 대해서 구체적으로 말씀해주세요.

김 헤어숍 서비스에는 세 가지가 있다고 생각해요. 첫 번째는 기술적인 서비스예요. 기본적으로 머리하는 곳이니까요. 기술적으로 염색, 펌, 커트를 통해서 고객이 만족할 수 있는 서비스를 제공하죠. 두 번째는 환경적인 서비스예요. 공간, 인테리어, 식음료 등 다양한 부가적인 서비스를 제공하고 있어요. 요즘은 가운도 일회용으로 제공해요. 다른 사람이 한 번이라도 입었던 것은 폐기하고 새것으로 서비스하는 거죠. 그리고 미용실은 거리에 상관없이 먼 곳도 많이 가거든요. 그래서 주차 부분도 중요합니다. 세 번째는 심리적인 서비스인데요. 전 직원들은 손님을 대하는 접객이나 서비스 교육을 무조건 받아요. 멘트도 다 매뉴얼화해서 교육하고 있고요. 헤어숍을 방문한 분들이 기분 좋게 돌아가야 하잖아요.

헤어숍의 종류는 어떻게 되나요?

편 헤어숍의 종류는 어떻게 되나요? 각각의 매장마다 콘셉트가 있을까요? 아니면 디자이너 선생님마다 다른 건가요?

김 객관적인 분류를 한다면 헤어숍은 대형 숍, 중형 숍, 1인 숍으로 나눌 수 있는데요. 대형 숍에서는 전반적으로 헤어, 네일, 메이크업, 마사지까지 종합적으로 이루어져요. 그만큼 각 분야의 담당이 세분되어 있고 인원도 많아요. 샴푸, 커트, 염색, 네일 등 전문 담당자들이 분야별로 나눠서 하니까 아무래도 디자이너에 따라 커트를 잘하는 디자이너, 염색을 잘하는 디자이너로 나뉘게 되죠.

중형 숍은 대형 숍만큼 나눠서 하기는 어려운 부분이 있고, 1인 숍은 혼자서 처음부터 끝까지 모든 과정을 다 해야 해요. 예전에 블루클럽이라는 미용실 체인이 있었는데, 남자 커트만 하는 콘셉트였어요. 그래서 커트 외에는 기본 서비스에서 다 제외되는 거죠. 예를 들어 샴푸를 하려면 2천 원 추가 요금을 내는 거예요. 또 젊은 세대일수록 전문성을 내세우는 헤어숍을 선호하는 경향이 있는데요. 홍대에는 탈색이나 염색만 전문으로 하거나 특수 머리라고 해서 레게머리나 가발을 전문으로 하는 숍도 있어요. 이런 경우는 서비스 구성은 1인 숍과 비슷하고, 디자이너가 특정 부분을 콘셉트로 잡은 거죠. 대형 숍에서는 절대 그렇게 하지 않지만, 1인 숍은 경쟁에서 살아남기 위해서 특화된 부분을 홍보하고 부각하는 거예요.

헤어디자이너와 다른 뷰티전문가는
어떤 차이가 있나요?

편 헤어디자이너와 메이크업, 네일전문가는 어떤 차이가 있나요?

김 헤어디자이너는 커트, 펌, 염색을 기본 이상으로 다 할 줄 알아야 해요. 저는 개인적으로 염색이나 커트 등 전문적인 한 가지 분야만 하는 사람을 헤어디자이너라고 부를 순 없을 것 같아요. 얼핏 보기에는 좀 더 잘하는 것을 특화하는 것으로 보이지만, 정말 능력 있고 부지런한 사람들은 전부 다 잘하거든요. 한 가지를 깊게 파고들진 않지만, 전반적으로 다 잘하죠.

저의 개인적인 생각이지만 제가 대학교에서 지켜보면 뷰티학과로 입학해서 2학년에 전공을 선택할 때, 전체적으로 성적이 좋고 능력이 뛰어난 학생들은 대부분 헤어를 선택해요. 그리고 복잡한 거 싫어하는 학생들은 네일이나 메이크업 등을 선택하고요. 왜냐하면 헤어보다는 범위가 좁거든요. 메이크업이 화장품 종류가 많은 것처럼 보이지만, 헤어는 도구 자체가 복잡하고 전문적이면서도 종류가 많아요. 커트, 펌, 염색 도구가 다 따로 있어서 그만큼 공부도 많이 해야 하고 과정도 길죠.

헤어숍 시술비용은 어떻게 책정되죠?

편 헤어숍마다 금액이 다 다른 것 같아요. 시술비용은 어떻게 책정되나요?

김 비용에서 가장 많이 차지하는 건 월세와 인건비예요. 먼저 월세는 서울이냐, 지방이냐, 강남이냐, 강북이냐, 역세권이냐, 아니냐에 따라 천차만별이죠. 두 번째는 체인점이냐, 로드 숍이냐에 따라 또 달라요. 체인점은 로열티 비용이 포함되어 있어요. 그리고 인건비인데, 직원 수만큼 역할이 나뉘고 손님들에게 해줄 수 있는 서비스가 더 다양해지죠. 그다음은 재료비예요. 수입품인지, 국산인지, 저가인지, 고가인지에 따라 다르죠. 여기까지는 수치로 측정되는 부분이에요. 마지막은 기술력인데요. 디자이너와 고객이 생각하는 기술력은 다를 수 있어요. 그래도 일차적으로는 디자이너의 판단으로 자기 기술력에 대해 요금을 책정해요. 요금 책정 후에도 고객들이 계속 온다면 기술력을 인정받은 거죠. 사람들은 제일 중요한 게 기술력이라고 말할 수도 있지만, 수치로 측정되는 데이터를 기반으로 한 다음 마지막에 기술력에 대한 비용을 책정하는 게 맞는 것 같아요.

저도 브랜드 숍부터 개인 숍까지 다 해봤는데요, 기술력을 가장 우선으로 됐다면, 개인 숍을 할 때도 브랜드 숍만큼 요금을 받았을 거예요. 하지만 현실은 그렇지 않잖아요. 반대로 비싼 지역의 브랜드 숍에 소속되어 있고, 직급도 원장이나 부원장처럼 높으면 기술력에 상관없이 요금을 몇 배는 더 받아요. 그래서 숍마다 가격이 천차만별일 수밖에 없어요.

프랜차이즈 헤어숍의 특징이 있나요?

㉠ 음식점의 경우는 프랜차이즈를 하면 기술이나 레시피를 그대로 제공해 주잖아요. 프랜차이즈 헤어숍의 기술은 개인 숍과 다른가요?

㉢ 네. 그 헤어숍만의 기술이 주체가 됩니다. 프랜차이즈 식당이 레시피를 만드는 연구소가 있는 것처럼, 프랜차이즈 헤어숍도 직원들 교육을 전담하는 아카데미가 있어요. 아카데미에서 인턴부터 시작해서 레벨을 통과해야 디자이너가 될 수 있죠. 그 안에서 배운 기술력으로 디자이너가 되는 거예요.

㉠ 프랜차이즈 헤어숍의 특징이 있나요?

㉢ 브랜드마다 좀 다른데요. 모 브랜드 숍의 콘셉트는 직영이라서 외부인에게는 절대 분점을 안 내줘요. 직원으로 10년 이상 일한 사람만 체인점을 낼 때 투자할 수 있는 자격을 부여해요. 좋은 의미에서는 본 브랜드 숍 출신 디자이너들을 챙기는 거죠. 반면에 박승철, 박준, 이철, 이가자, 차홍 같은 브랜드 숍은 직영도 있고 체인점도 내줘요. 미용을 하지 않아도 돈이 있고 헤어숍에 관심이 있다면 운영할 수 있는 거죠. 당연히 체

인점이니까 로열티를 내야 하고요. 브랜드 숍마다 각각의 교육 시스템이 있고, 그걸 마스터한 사람만이 일할 수 있죠. 같은 초, 중, 고등학교를 졸업해도 성적이 다 다른 것처럼, 같은 아카데미 안에서도 실력 차이는 날 수 있죠. 하지만 같은 곳에서 기본적인 기술이나 서비스 교육을 받고 올라가는 시스템이라 최소한의 차이라고 할 수 있어요.

각 브랜드 숍마다 고유한 콘셉트가 있는데요, 손님들에게 제공하는 컵부터 재료, 인테리어까지 모두 다 본사 콘셉트를 따라야 해요. 보통 인테리어 콘셉트 A, B로 나눠서 A는 평 단가 280만 원, B는 200만 원 이런 식으로 정해진 대로 하죠. 이렇듯 모든 것이 본사 시스템으로 이루어지는 것이 프랜차이즈 헤어숍의 특징이라고 볼 수 있어요. 다른 업종들도 마찬가지겠지만, 미용도 프랜차이즈를 하면 장단점이 분명히 존재해요.

편 헤어숍은 앞으로 어떻게 발전하고 변화할까요?

김 제 생각에 당분간은 1인 숍이 더 많아질 것 같아요. 예전에 우리가 동네에서 흔히 볼 수 있었던 미용실도 1인 숍의 형태예요. 그런 미용실이 많다가 지금은 브랜드 숍의 숫자가 많이 늘었거든요. 그런데 다시 1인 숍들이 많아지고 있어요. 왜냐하면 미용은 유행에 민감한 분야라서 MZ세대의 성향이 그대로 반영되는 것 같아요. 소비층도 그렇지만 직원들도 다 MZ세대잖아요. 요즘 젊은 세대들을 보면, 한곳에서 오래 일하지 않아요. 지금의 직장을 평생직장으로 생각하지 않죠. 그런 부분이 헤어 산업에도 반영되고 있어요. 직원들이 어느 정도 기술적인 자신감이 생기면, 일하고 있는 헤어숍에서 성장해 실장이 되고 부원장이 되는 것을 목표로 하는 게 아니라, 오너를 목표로 해요. 그런 영향으로 1인 숍이 갈수록 강세죠.

브랜드 숍의 좋은 점은 디자이너가 홍보하지 않아도 알아서 손님이 찾아온다는 거예요. 그런데 지금의 MZ세대는 SNS나 유튜브를 통해서 본인이 PR 하는 방법을 알고 있고, 헤어숍 홍보에 대한 두려움이 없어요. 예전에는 기술력을 갖추고 브랜드 숍을 찾아오는 고객들에게 서비스하는 것이 가장 편한 길이었는데, 지금은 자신이 충분히 홍보할 수 있으니까 굳이 브랜드의 힘을 빌리지 않아도 되는 거죠. 심지어 1인 숍을 하면서 유명해지기도 하고요. SNS 팔로워나 유튜브 조회 수가 많으면, 고객 예약도 많이 들어오고 오히려 방송국에서도 찾아와요. 거기에 특수머리나 염색 같은 특성을 살리면, 그런 니즈를 가진 고객들이 더 몰리기도 하죠. 그래서 당분간은 브랜드 숍보다 1인 숍이 더 많아질 것 같아요.

그래도 브랜드 숍을 무시할 수 없는 게, 기술을 배우려면 일

단 브랜드 숍에서 배워야 하거든요. 아무리 유명해도 1인 숍에서 배우려고 하진 않잖아요. 브랜드 숍의 아카데미에서 더 잘 배울 수 있다고 생각하는 것 같아요. 그리고 브랜드 숍도 유행을 타요. 전에는 박승철이 유행하다가 다음에는 박준이 유행하다가 요즘은 또 차홍이 젊은 사람들에게 인기가 많더라고요. 제가 대학교에서 강의할 때, 학기 초마다 졸업하면 브랜드 숍으로 갈 건지, 1인 숍을 할 건지, 브랜드 숍에 간다면 어디로 가고 싶은지 물어보거든요. 재작년과 작년까지는 모 브랜드가 1등이었는데, 올해는 다른 브랜드가 1등이더라고요. TV에 많이 나오는 것도 영향이 있는 것 같아요. 브랜드를 대표하는 헤어디자이너의 부드러운 이미지가 기존 브랜드의 딱딱한 느낌과는 좀 다른 것도 학생들에게 긍정적으로 어필하는 부분이 있겠죠. 지금은 매장 수가 좀 적지만, 나중에 브랜드 인지도에서는 1위로 올라가지 않을까 싶어요.

편 K-뷰티의 강세가 이어질수록 헤어디자이너의 역할도 중요해지겠네요.

김 당연히 헤어디자이너의 역할도 중요해진다고 생각해요. 이제는 미용도 글로벌하기 때문에 외국어를 공부하는 미용사들도 많고, 해외에서 활동하면서 한국의 문화를 전달하는 역할까지 하는 추세예요. K-팝이 유명해지면서 가수들이 한국의 이미지에 영향을 미치고, K-드라마가 유명해지면 배우가 영향을 미치고, 패션 디자이너 또한 그러하듯이 이제는 헤어디자이너도 그럴 수 있다고 생각해요. 헤어디자이너가 단순히 헤어만 하는 사람에서 이제는 여러 방면에서 문화 전파까지 하는 역할을 할 수 있죠. 인간은 인종, 나라를 불문하고 아름다워지기를 원하기 때문에 헤어가 차지하는 비중 또한 높아질 거라고 봐요.

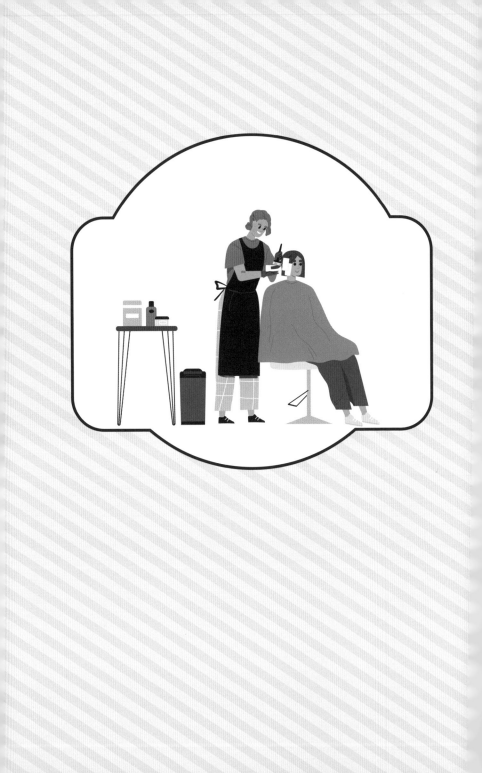

헤어디자이너의 세계

헤어디자이너는 어떤 직업인가요?

헤어디자이너는 어떤 직업인가요?

김 단순히 보면 머리를 하는 직업이지만, 크게 보면 다른 사람의 인생에 관여하는 직업이라고도 할 수 있어요. 머리를 하면서 많은 대화를 나누고 유대 관계를 쌓으면서 한 사람의 기분을 바꿀 수도 있기 때문이죠. 머리를 짧게 자르고 싶어서 오는 고객, 중요한 일이 있어서 스타일링을 하러 오는 고객, 슬픈 일이 있어서 기분 전환을 하러 오는 고객, 기쁜 일이 있어서 더 행복해지려고 오는 고객들처럼 다양한 이유에서 고객들이 오다 보면, 헤어디자이너는 그 고객의 감정에 맞춰 일을 해야 하는 사람이에요. 그러다 보면 때로는 정신과의사가 되는 것 같기도 하고, 고객의 표정만 보고도 감정을 알아차려야 하는 점쟁이가 되기도 하죠. 기술만 가지고 일하는 사람이 아닌 공감대를 형성할 수 있어야 하는 토털 서비스직이라고 할 수 있을 것 같아요. 또한 패션, 음악, 뷰티 전반적으로 다양한 직업과도 연관성이 깊은 직업이죠.

헤어디자이너의 업무 전반이 궁금해요.

편 헤어디자이너의 업무 전반이 궁금해요.

김 첫 번째로 해야 하는 일은 고객의 취향을 파악하는 거예요. 자연스러운 스타일을 좋아하는지, 화려한 스타일을 좋아하는지, 유행하는 스타일을 좋아하는지 파악하는 게 중요한데, 아무래도 경력이 쌓여야 가능한 일이에요. 디자이너가 된 지 얼마 안 된 경우에는 기술적인 부분에 더 집중하게 되거든요. 그래서 고객의 취향을 파악하려면 어느 정도 연차가 되거나 운 좋게 직관력을 타고나야 해요. 사실 고객의 취향을 파악하는 능력은 대부분 헤어디자이너가 되고 나서 가장 나중에 갖게 되는 능력이죠.

그다음에는 고객과 상담하는 거예요. 의사소통 스킬이 필요한 부분인데요. 고객의 취향이나 성격을 파악한 후에, 자연스럽게 고객을 끌어갈지 고객을 따라갈 것인지를 판단해야 해요. 끌어가야 한다면 추천하면서 주도하고, 아니면 고객에게 질문하면서 정보를 얻어야죠. 거기에 따라서 적당한 가격과 시간을 계산하고, 고객에게 만족을 주는 범위가 어느 정도인지 파악해야 해요. 화려한 걸 좋아한다면 스타일의 변화를 크게 주고, 커트하러 왔어도 상담하면서 염색이나 펌을 추천할 수 있어야죠. 상담을 통해 샴푸를 먼저 할지, 커트를 먼저 할지, 염색한 후에 커트할지, 펌을 먼저 할지, 이런 시술에 대한 순서도 정해져요. 그리고 시술을 진행한 후에 모든 과정이 끝나면, 두피 스파로 고객에게 힐링을 제공하는 게 전반적인 과정이에요.

편 헤어 시술 과정에서 가장 중요한 건 무엇인가요?

김 제일 중요한 건 디자인을 결정할 때 고객과 의사소통하는 거예요. 고객의 취향을 파악할 수 있는 눈썰미가 중요한데, 고객의 옷차림이나 말투를 통해서 다 읽을 줄 알아야 해요. 미용한 지 10년이 넘으면 미용사가 아니고 점쟁이라고 하거든요. 사람을 살피고 파악하는 능력이 길러지죠. 고객을 보자마자 결혼했는지, 남자친구가 있는지, 직업이 뭔지 느낌으로 대부분 알 수 있거든요. 그렇게 되면 손님도 편하고, 블랙 컨슈머도 피해 갈 수 있어요.

고객에 대한 정보는 어떻게 공유하나요?

편 헤어숍 안에서 고객에 대한 정보는 어떻게 공유하나요?

김 일지를 써요. 브랜드 숍은 기본으로 다 하는데요. 고객이 하려는 헤어디자인과 모발 상태, 시간은 얼마나 걸리는지 다 적어서 보여주고 사인을 받을 때도 있어요. 왜냐하면 고객이 처음 상담과 다른 이야기를 할 수도 있고, 잘못 이해할 수도 있으니까 이야기한 것들을 다 체크해서 디테일하게 보여주는 거죠. 그러면서 신뢰도 얻을 수 있고, 서로에게 좋은 방법인 것 같아요. 수기로 일지를 적고, 디자이너가 퇴근할 때 데이터로 다 입력해 놔요. 그러면 그 디자이너가 쉬는 날이나 그만뒀을 때도 고객의 데이터를 파악할 수 있거든요. 염색을 어떤 컬러에 몇 레벨로 했는지, 파마를 몇 호로 말았는지 다 적어놔요. 고객이 지난번과 똑같이 해달라고 했을 때, 디자이너가 바뀌더라도 사용하는 제품이나 재료가 동일하기 때문에 100%까지는 아니더라도, 거의 비슷하게 서비스할 수 있는 거죠. 프로그램에 저장해 놓으면 나중에 정보화되어서 훨씬 좋아요. 생일이나 부가적인 내용도 같이 메모해 놓고, 한 달 주기로 커트하러 오는 손님에게는 자동으로 한 달마다 문자도 발송하고요.

헤어디자이너가 많이 협업하는 사람은 누구예요?

편 헤어숍에서 제일 많이 만나는 직업군이 있을까요? 협업하는 분들이요.

김 현장에서 가장 많이 만나는 사람들은 네일, 메이크업, 피부, 두피 관리하는 분들이에요. 현장 외에서 협업하는 사람들은 웨딩, 패션, 음악, 광고 등 전반적으로 뷰티 산업에 관련된 분들이고요. 패션쇼나 광고, 뮤직비디오 촬영, 연예인의 방송 출연이나 콘서트에 출장을 갈 때도 많아요. 그리고 저는 강의하면서 대학교 교수들, 강사들, 학생들도 만나죠. 다른 직종에서 일하는 분들과 많이 만날 수 있는 직업인 것 같아요.

웨딩 산업에서는 요즘 헤어숍과 조인해 헤어와 촬영을 한 번에 할 수 있게 되어 있어서 신랑 신부 가족들이 한곳에서 해결할 수 있어요. 패션 쪽 또한 과거와 다르게 헤어를 담당하는 분들이 현장에 직접 방문해서 모델들을 관리해 주기 때문에 모델들이 헤어숍에서 따로 머리를 하고 패션쇼로 갈 이유가 없어졌고요. 연예인들도 개인 스타일리스트나 헤어 담당이 있기도 하고 헤어숍에서 따로 출장을 나가기도 하면서 가수가 콘서트장에서 바로 헤어를 받을 수 있고, 배우도 현장에서 바로바로 수정할 수 있게 되었죠.

　대학교에도 전임 교수들만 있지 않고, 이제는 현장 경험이 많은 겸임교수들이 많아져서 학생들도 이론적인 교육에서 현장 실기 위주의 교육을 더 집중해서 받을 수 있어요. 이제는 기본기도 단단해져서 졸업할 수 있게 된 것도 하나의 협업으로 볼 수 있을 것 같아요. 또한, 염색약을 만드는 회사, 화장품 회사, 쇼핑몰 등 다양한 회사들과 협업을 통해 제품 생산부터 판매까지도 이루어지고 있어요. 물론, 그중에서도 뷰티 쪽과 협업을 가장 많이 하고요.

⊙ **서경대학교 석사 헤어쇼 포스터
촬영을 위해 만든 작품**

먼저 사이드와 백을 3등분으로 나눈 뒤
각각 백홈을 뿌리에 넣어서 볼륨감을
살려주고, 머리 뒤쪽과 왼쪽 사이드를
하나로 하여, 핀셋을 이용한 토대에 소라
형태로 모양을 잡아준다. 그리고 오른쪽
사이드 머리를 자연스럽게 연출하면서
뒤쪽으로 끌어모아, 핀으로 고정한
부분을 가리면서 면을 가다듬어준다.
이후 액세서리로 심플한 포인트를 주고,
스프레이로 고정하여 마무리한다.

변신을 통해 행복을 선물하는
헤어디자이너

헤어디자이너와 보조 스태프는
어떻게 협업하나요?

編 숍 안에서도 헤어디자이너와 보조 스태프들이 있는데, 어떻게 협업하나요?

金 나중에 경력이 쌓이면 지시받기 전에 알아서 하지만, 처음에는 디자이너가 스태프에게 다 지시해요. 브랜드 숍 기준으로 자세하게 말씀드릴게요. 우선 아카데미에서 2년 반에서 3년 정도 과정을 이수하는데요. 1단계를 패스하면 샴푸까지만 하고, 그 이상의 테크닉에는 투입이 안 돼요. 아카데미 과정에서 패스한 단계에 따라서 그 기술력이 요하는 곳에 투입되죠. 4단계까지 모두 패스하면 커트를 제외하고 샴푸, 파마, 염색까지 다 할 수 있어요. 디자이너들도 그런 스태프와 파트너를 하고 싶어 하죠. 5단계까지 마스터한 스태프는 대부분 그 매장에서 지위가 높거나 매출을 많이 내는 디자이너에게 배정돼요.

보조 스태프에서 헤어디자이너로
넘어가는 과정이 궁금해요.

편 보조 스태프에서 헤어디자이너로 넘어가는 과정은 어떻게 되나요?

김 디자이너라는 직함은 숍에서 인정해 주는 거예요. 그전까지는 인턴이나 스태프라고 하죠. 브랜드 숍은 인턴이나 스태프로 시작해서 디자이너가 되기까지 2년 6개월에서 3년 정도 걸리는데요. 브랜드 숍의 아카데미는 보통 1단계, 2단계, 3단계, 4단계, 5단계가 있고, 단계별로 모두 패스하면 디자이너라는 호칭을 다는 거예요. 브랜드 숍은 객관적인 기준이 있지만, 다른 곳은 명확하지 않아요. 로드 숍 같은 경우는 스태프로 두 달 정도 일하다가 바로 디자이너가 될 수도 있어요. 전문대 졸업하고 바로 동네 숍에 디자이너로 취직하는 학생들도 있고요. 브랜드 숍에서 운영하는 아카데미 말고 개인 아카데미를 다닌 경우는, 커트반, 염색반, 펌반이 따로 있고 토털반이라고 하는 헤어디자이너반이 있어요. 토털반 과정을 6개월 정도 이수한 후에 스스로 능력이 된다고 생각해서 숍에 디자이너로 이력서를 내는 경우도 있죠.

헤어디자이너가 사용하는 장비와 시설을 알려주세요.

편 헤어디자이너가 사용하는 장비와 시설을 알려주세요.

김 우선 디자이너는 가위, 드라이기, 매직기, 펌을 하는 아이론 기계, 롤, 왁스, 스프레이까지도 보통 개인 장비로 가지고 있어요. 브랜드 숍에서는 웬만하면 본인 걸로 사용하죠. 디자이너가 갖고 다니면서 사용하는 이동식 수납장인 트레이 안에 있는 건 다 개인 장비라고 보면 됩니다. 그 외에 의자나 시설 관련된 것들은 가게에서 제공하는 것들이고요. 드라이기도 제공하지만, 요즘은 드라이기도 최고급 비싼 것으로 개인이 가지고 있는 경우가 많아요. 대형 헤어숍은 월급제가 아니라 대부분 인센티브제이기 때문에 왁스나 스프레이까지 다 디자이너가 구입해요. 그래서 대형 헤어숍일수록 개인 장비를 더 많이 가지고 있죠.

디자이너가 사용하는 제품을 손님이 써보고 구매하는 경우가 많은데, 거기에 또 인센티브가 있어요. 손님이 너무 좋아서 그 제품을 사려고 하는데, 숍에서 팔지 않는 제품이면 안 되니까 매장에서 사용하는 제품을 디자이너도 이용하죠. 그리고 카카오 숍인숍이라고 미용실 안에 칸마다 경대를 설치해서 한

Job
Propose 65

64

칸씩 대여해 주는 거예요. 월세를 내는 거죠. 카카오 숍에서 매출에 대한 수수료를 가져가고요. 이런 경우는 모든 제품이나 장비는 다 디자이너 개인이 가지고 오는 거예요.

가위
머리를 자를 때 사용하며 헤어디자이너에게 없어서는 안 되는 첫 번째 장비

바리캉 (클리퍼)
남자 머리를 자를 때 사용하는 기구

빗
커트할 때 머리카락의 양을 조절하고, 머리를 빗겨주는 기구

눈썹 클리퍼
눈썹을 정리하거나 목 주위에 솜털을 제거할 때 사용하는 기구

핀셋

커트할 때 모발을 일정한 파팅이나 섹셔닝 등 고정할 때 사용하는 기구

커트보

커트할 때 고객의 옷을 보호하고, 커트 된 모발이 옷으로 들어가는 것을 방지하기 위해 두르는 큰 천

분무기

마른 모발에 수분을 주어서 커트 시 잘린 모발이 날리지 않게 도와주는 기구

얼굴 털이개

커트가 끝나거나 중간중간에 고객의 얼굴과 목 주위에 쌓이는 모발을 털어줄 때 사용하는 기구

드라이기

시술이 끝나고 모발을 말리거나 스타일링할 때 사용하는 기구

롤

고객의 머리를 스타일링할 때 사용하는 기구

매직기

고객의 머리를 스타일링할 때 사용하는 기구

아이론

고객의 머리를 스타일링할 때 사용하는 기구

열펌 아이론기

펌을 할 때 사용하는 기구

에어롤

펌 또는 염색 등을 할 때 사용하는 기구

염색 차트

염색 고객과 상담할 때 사용하는 차트

염색 트레이

염색할 때 도구를 실어 나르는 기구

염색 붓과 볼

염색을 섞고 바를 때 사용하는 기구

원목 트레이 (가위 트레이)

디자이너의 가위 등 개인 도구와 물품들을 모아놓는 이동
보관용 기구

펌 로드 트레이

펌을 할 때 사용하는 로드를 보관하는 도구

샴푸대
헤어 시술을 마치고 머리를 감을 때 사용하는 기구

경대
헤어 시술할 때 헤어의 상태를 살피는 데 사용하는 기구

커트 의자
헤어 시술할 때 고객이 앉는 용도이며, 높낮이를 조절할
수 있다.

염색약
염색할 때 사용하는 약품

염색 짜개
염색약을 짤 때 사용하는 기구

염색 붓

염색약을 바를 때 사용하는 기구

고무장갑

파마나 염색약을 바를 때 손에 끼는 장갑

산화제

염색약과 같이 혼합하여 사용하는 2제

머리띠

파마나 염색할 때 약품이 흘러내리는 것을 막아주는 머리
띠

파마약
파마할 때 사용하는 약제

파지
파마를 말 때 로드와 머리가 잘 감길 수 있게 하는 종이

고무줄
파마를 말 때 파지가 로드에서 분리되지 않고 결합할 때
사용하는 기구

염색 보
염색할 때 고객의 옷을 보호해 주는 기구

서비스에서 제일 중요한 포인트는
뭐라고 생각하세요?

편 헤어디자이너가 제공하는 서비스 중에 제일 중요한 포인트는 뭐라고 생각하세요?

김 친절함이나 기술도 중요하지만, 저는 손님을 솔직하게 대하는 게 가장 핵심이라고 생각해요. 아무래도 일이니까 매출이나 비용을 생각하지 않을 수 없잖아요. 그래서 손님과 상담할 때, 꼭 필요하지 않은 옵션을 권하는 경우가 있어요. 저도 브랜드 숍 직원으로 일할 때는 매출만 생각해서 솔직하지 못했던 적도 있고요. 그런데 손님들도 그런 부분을 다 느끼거든요. 오히려 솔직하게 꼭 필요한 부분이나 원하는 부분에 대해서 진실성 있게 이야기하면, 손님이 필요해서 스스로 매출을 더 올려줄 때도 있어요. 그러면 디자이너도 일하면서 마음이 더 편하고요. 지금은 저의 숍을 하다 보니까 당장의 매출보다 솔직함이 더 중요하다는 걸 알게 됐죠. 꼭 일뿐만 아니라 인생에서도 솔직한 태도로 사람들을 대했을 때, 처음에는 손해 보는 것 같지만 계속 신뢰가 쌓여서 나중에는 점점 더 좋은 방향으로 갔던 것 같아요.

반응이 좋아서 기억에 남는 고객이 있을까요?

편 반응이 좋아서 기억에 남는 고객이 있을까요?

김 두 분이 특별히 기억에 남아요. 제가 직원으로 일할 때부터 지금까지 18년 정도 오시는 단골손님인데, 남대문에서 액세서리 관련 일을 하는 분이에요. 연세가 70세 정도 되고 흰머리가 정말 많은 할머니였는데, 개성이 뚜렷한 분 같았어요. 외부 행사에 부스를 세워서 자신이 만든 액세서리를 알리는 특별한 날인데, 알아서 해달라고 하더라고요. 우리말로 워킹 손님이라고 하는데요. 숍에 처음 와서 특정 디자이너를 찾지 않으면 순번대로 배정되는데, 그게 저였어요. 등 뒤까지 오는 긴 머리를 쇼트커트보다 더 짧은 남자 머리로 잘라드렸어요. 원래 알던 분도 아니었고, 첫 대면이었죠. 그렇게 하고 가셨는데 그날 바이어들이 이분의 스타일을 보고 호기심을 갖고 많이 찾아왔다고 하더라고요. 제품을 판매하는 사람의 스타일을 보고 액세서리도 개성이 있을 거로 생각한 거예요. 그때 너무 뿌듯했어요. 흰머리가 많으니까 계속 어둡게 염색했었는데, 그게 싫다고 하셔서 남은 검은 머리까지 탈색하고 회색 컬러를 입혔죠.

편 왜 회색 컬러였나요?

김 흰머리에 노란색, 빨간색으로 하면 너무 화려해서 오히려 역효과가 날 수도 있다는 생각이 들었어요. 고객의 나이를 고려했을 때 흰머리에 가까운 색으로 크게 변화를 주지 않으면서, 기존에 검게 염색했던 것을 아예 바꿔서 흰머리에 가깝게 한 거죠. 고객이 만족해서 이후에는 계속 그런 스타일의 머리만 했고, 적응한 다음에는 퍼플이나 다른 컬러를 한 적도 있어요.

그리고 한 분은 한국은행에 근무하는 남자 고객이에요. 공무원 느낌이었고, 눈에 띄는 걸 싫어하는 분이었어요. 대략 2주에 한 번씩 단정하게 머리카락을 자르러 오셨죠. 그 이유를 여쭤보니까, 남성들의 커트는 보통 기계로 머리 라인을 만들면서 자르는데, 그 라인에서 머리가 자라서 조금씩 튀어나오는 게 싫었던 거예요. 그 얘기를 듣고 고민하다가 이발소 느낌으로 잘라보는 건 어떤지 여쭤봤어요. 가위 컷이라고 해서 기계를 쓰지 않고, 이발소처럼 가위만 사용해서 커트하는 거예요. 처음에는 이상해하셨지만, 기계를 사용하지 않으니까 라인에서 튀어나오는 부분이 없어지면서 나중에는 한 달에 한 번씩 자르러 오셨어요. 너무 편하다고 좋아하셨고요. 그때 당시 남자 커트 비용이 3만 5천 원이었는데, 올 때마다 7만 원씩 주고 가셨어요. 오는 횟수가 줄어든 만큼 만족도를 쳤다며 두 번 오는 비용을 내고 가셨죠. 돈을 떠나서 정말 인정받은 기분이었어요. 제가 그때 일하던 숍을 그만두고 개인 숍을 차렸을 때도 오셨고, 지금도 계속 오는 분 중에 한 분이에요. 아내분이 왜 그렇게 먼 곳까지 가서 자르냐고 하는데도, 제가 가게를 옮길 때마다 계속 오셨어요. 정말 고마운 분들이죠.

편 정성을 쏟았는데 생각 외로 고객 반응이 별로였던 경험도 있을 것 같아요.

김 손님의 반응이 별로였던 적은 거의 없는 것 같아요. 차라리 손님이 마음에 안 든다고 하면 괜찮아요. 손님은 마음에 들어 하는데, 제가 생각했던 디자인과 다르게 나와서 만족하지 못하고 기술적으로 더 노력해야겠다는 생각을 한 적은 있어요. 손님이 원하는 스타일 등 여러 가지를 잘 들어보고 깊이 생각해야죠. 분명히 어느 부분을 제가 놓친 것 같은데 딱 잡히지 않을 때, 저 자신에게 불만을 느끼거든요. 돈 받으면서도 미안하고 자책감도 들고요. 그런 게 제일 싫어요.

이 직업을 갖길 잘했다고 느끼는 순간은 언제예요?

편 이 직업을 갖길 잘했다고 느끼는 순간은 언제예요?

김 손님들이 행복해할 때 이 직업이 너무 좋다고 느껴요. 손님마다 성향이 다르기 때문에 만족도를 표현하는 방식은 조금씩 다르지만, 나중에 또 찾아와 주시거나 머리하고 나서 소개팅, 면접, 특별한 일에서 좋은 결과가 있었다면서 고맙다고 해주시면 정말 기쁘죠. 지금 제가 한 달에 한 번씩 무료 봉사를 하고 있는데요. 대부분 찾아가서 해드리는데 그러면 장비나 사용하는 약품 등의 한계가 있어서 커트밖에 못 하거든요. 그래서 저희 숍으로 오시라고 해요. 65세 이상이나 조부모 가정, 저소득층까지 동사무소와 연계해서 해드리는데, 숍에서 봉사하니까 커트, 펌, 염색까지 다 해드릴 수 있어서 너무 즐겁고 좋아요. 전부 무료로 해드리는데도, 잘생긴 총각이 머리도 잘해줘서 고맙다며 커피라도 사 먹으라고 3천 원, 5천 원씩 주고 가시는 분들도 계세요. 오실 때 반찬 같은 걸 챙겨다 주는 할머니도 있으시고요. 그러면서 세상이 아직 살만하다고 느끼고, 이 일을 잘 선택했다고 생각해요.

헤어디자이너의 일과는 어떻게 되나요?

편 헤어디자이너의 일과는 어떻게 되나요?

김 일요일을 기준으로 말씀드릴게요.

> **9시 30분**
>
> 매장 문을 열고 들어가자마자 모든 스위치를 켜요. 카운터에 있는 컴퓨터를 켜고, 창문을 열어 환기해요. 어제 마무리하고 나온 시술 도구들을 제자리에 옮긴 뒤 수건을 정리해요. 컴퓨터가 켜지면 오늘 스케줄을 쭉 보고, 드라이기 등 기구들의 코드를 꽂고 내 머리를 스타일링해요. 그리고 커피 한 잔을 타서 마시죠.

10시

여성 고객의 단골손님이라 딱히 제안은 안 해요. 단발 커트를 하길 원해서 잘라주고 새치 염색을 했어요. 샴푸 후에 드라이 커트를 한 번 더 보고, 드라이로 볼륨을 살려 C컬로 마무리했어요.

11시

첫 손님의 염색을 바르는데, 중간에 롱 헤어 여성 드라이 손님이 오셨어요. 결혼식에 가신다고 해서 아이론을 이용해 S컬을 만들고, 롤을 이용해 뿌리를 살린 다음 에센스로 마무리해서 보내드렸어요.

11시 30분

투 블록 가르마 펌을 한다는 남성 고객이에요. 안쪽 머리는 너무 짧지 않게 잘라 다운 펌을 하고, 윗머리는 가르마가 잘 타지게 굵은 웨이브로 말았어요. 손질이 편하게 펌을 해드렸어요.

1시

예약 없이 온 워킹 손님으로 남자들이 하는 바리캉
커트를 짧게 해주고, 왁스로 마무리했어요.

1시 30분

페이드 커트를 이주에 한 번씩 하는 손님이에요. 옆
머리를 짧게 자르고 가르마는 스크래치를 내어서
포마드로 마무리했어요.

2시

워킹 손님으로 머리를 기르고 있다고 해요. 상한 끝
머리만 가볍게 다듬고, 롤로 블로우 드라이 후에 에
센스로 마무리했어요.

변신을 통해 행복을 선물하는
헤어디자이너

2시 30분

교회에 갔다 오는 고객으로 나이가 조금 있는 식당 사장님이에요. 쇼트커트를 하는 고객이어서 귀가 보일 정도로 짧고 단정하게 커트하고, 왁스를 사용해서 마무리했어요.

3시 30분

회색 머리를 하고 싶어 해서 탈색을 세 번 진행했고, 마지막에 12레벨의 회색 염모제를 사용했어요. 노란 끼를 잡아주고 회색이 잘 나타나게 해주어서 고객이 만족해했죠.

4시

12레벨의 주황색으로 염색하는 고객이에요. 항상 하던 데로 뿌리의 새로 나온 부분부터 염색을 시작하고, 끝부분은 토닝 개념으로 터치해 주어서 염색을 마무리했어요. 두 달만큼만 커트를 다듬어 주었고요.

5시

워킹 손님으로 짧고 시원하게 잘라달라고 해서 기본 커트로 해드렸어요.

5시 30분

곱슬이 있어서 찰랑거리는 머리를 원하셨어요. 손상이 있어서 클리닉으로 복구해 주고 매직을 해줬는데 만족하고 가셨죠.

6시

한 달에 한 번 커트하는 남성 고객으로 항상 깔끔하게 알아서 잘라달라고 하는 분이에요. 짧고 깔끔한 기본 커트를 해드렸어요.

6시 30분

워킹으로 온 남성 고객인데 가위로만 구레나룻을 살려서 잘라달라고 하네요. 댄디 컷으로 길게 자르고, 여자친구와 데이트가 있다고 해서 볼륨 매직기를 사용해서 마무리했어요.

7시

엄마, 아빠, 아들이 항상 같이 오는 가족이에요. 아빠는 짧고 깔끔한 머리, 아들도 아빠와 같은 스타일로 자르길 원해서 해줬어요. 엄마는 파마한 지 한 달밖에 안 돼서 웨이브가 잘리면 안 되므로 살짝 끝만 다듬었고요.

멋쟁이 할머니라고 부르는 고객인데, 귀에 꽂는 스타일과 뒤 볼륨을 중요하게 여기는 분이에요. 청담동 사모님 스타일이라고 불리는 머리로 단발 커트 후 드라이해 드렸어요.

마지막 손님이 가고 나면 중간에 돌려놓은 세탁기에서 수건을 빼 건조대에 널어요. 모든 콘센트에서 코드를 빼고 컴퓨터를 끄기 전 매출을 맞추죠. 문 단속하고 스위치를 끄고, 퇴근합니다.

영향을 많이 받은 인물이나 멘토가 있나요?

편 영향을 많이 받은 인물이나 멘토가 있나요?

김 제 인생의 멘토는 작은아버지예요. 어린 시절부터 작은아버지를 보면서 나도 저런 어른이 되고 싶다고 생각했고, 제 눈에는 너무 멋있어 보였나 봐요. 이제는 제가 과거의 작은아버지와 같은 중년이 되었지만, 아직도 작은아버지를 생각하면 멋있는 분이었다는 생각이 들어요. 저희 부모님 시절에는 다들 살림이 넉넉하지 못했잖아요. 저희 부모님도 다섯 명의 자녀를 공부시키고, 큰형과 나이 터울이 크지 않은 작은아버지까지 뒷바라지하셨어요. 작은아버지는 목포에서 고등학교를 졸업하고 은행에서 근무하시다가 주유 사업을 하셨거든요. 사업가로서도 성공하셨고, 나중에는 정치에 입문해서 목포 시의원도 3선 하셨어요. 지금은 돌아가셨지만, 공인이어서 그런지 지금도 작은아버지를 기억하는 어르신들이 많더라고요. 작은아버지의 노력 또한 굉장하다고 느꼈어요. 그래서 저도 언젠가는 꼭 사업을 하고, 오너가 되어 작은아버지 같은 사람이 되고 싶다는 생각을 갖게 된 것 같아요. 그러다 보니 자연스럽게 작은아버지가 저의 멘토가 되었죠.

언제 제일 행복하세요?

편 선생님은 언제 제일 행복하세요?

김 저는 개인적으로 우리 집 강아지 순심이와 산책할 때가 제일 행복해요. 처음에는 '내가 왜 대형견을 데려왔을까?' 후회도 했어요. 일도 많고 시간도 없는데 계절이나 날씨와 상관없이 매일 하루에 세 번 이상 산책을 시켜야 했고, 그게 숙제처럼 느껴지면서 스트레스가 되었죠. 그런데 어느 순간부터는 순심이를 위한 산책이 아니더라고요. 가게에 있을 때도 무조건 한두 시간은 밖에 나와서 움직이게 되고, 집에서 쉬는 날도 무기력하게 늘어지지 않고 순심이와 산책하면서 활력이 생겼어요. 제 가게가 남산 아래 있는데요. 순심이가 아니었다면 바쁜 일상에서 흙을 밟으면서 숲속을 거닐 기회를 스스로 만들었을까요? 그 산책 시간이 오히려 저에게 정신적인 휴식이 됐어요.

그리고 취미로 미술학원에서 그림을 배우는데요. 그림 그리는 시간이 너무 좋아요. 그림을 그리고 있으면, 시간이 어떻게 지나갔는지 모르겠어요. 가끔은 그림 전시회를 찾아다니면서 힐링도 하고요. 그리고 일주일에 두 번은 수영도 빼먹지 않고

하고 있어요. 행복한 삶을 살아가는 것도 건강한 육체에서 나
온다고 생각하기 때문에 운동 또한 빠트리지 않고 하고 있죠.
그림을 그릴 때나 순심이와 산책할 때 저는 시계를 안 봐요.
그만큼 이때가 가장 행복하고 좋거든요.

⊕ 머리카락을 이용해 만든 코스모스

백 모발 피스에 중성 컬러로 염색하고, 도화지에 밑그림을 그린 뒤
원하는 꽃 모양을 본드로 굳게 만들었어요. 가위와 매직기를 이용해서
형태를 만들어 놓은 뒤 밑그림 위에 붙이고, 염색한 모발을 클리퍼를
이용해 가루로 만들어 하늘의 파란 부분, 구름의 흰 부분, 풀의 녹색
부분에 뿌려주고 스프레이로 고정했죠. 코스모스 몸 부분은 철사에
녹색 아크릴 물감을 칠했어요.

⊙ 미술학원에서 첫 소묘를 배운 날

⊙ 쉬는 날 우리 집 강아지들과 함께 남산 산책 중에

순심이를 키우기 전 저는 일하고 퇴근하는 반복적인 삶을 사는 평범한 미용사였어요. 하지만 순심이가 내 생활 속으로 들어오면서 180도 달라졌죠. 순심이가 대형견이다 보니 사진 속에 있는 소형견 솜이를 키울 때와는 다르게 산책을 기본으로 다섯 번 정도는 해줘야 했어요. 그렇지 않으면 스트레스가 쌓이고 정서적으로 좋지 않기 때문인데요. 처음에는 부담이 되었지만, 미용실에서 매출에만 집중되어 있던 생각을 바꾸게 되는 시발점이 되었고, 점심과 저녁 시간에는 예약을 안 받고 순심이와 산책하러 나가면서 힐링할 수 있었어요. 이 시간은 다시 일할 수 있는 에너지를 만들 수 있는 계기가 되었고, 쉬는 날 집에만 있던 나에게 밖으로 나갈 수 있는 핑곗거리가 되어주었죠. 돈이 전부가 아닌 삶을 즐겁게 살아갈 수 있고, 순심이가 TV에 천재 견으로 출연하면서 색다른 경험을 할 수 있게 되는 등 여러 가지 새로운 생각과 마음가짐이 생겨나면서 지금은 둘이 하나가 된 느낌이에요. 저에게 행운의 부적이 생긴 것 같아요. 제가 순심이에게 해주는 것보다 순심이에게 받는 게 더 많다고 느껴져요.

이 직업의 최고 매력이 뭔가요?

🟦편 이 직업의 최고 매력이 뭐라고 생각하세요?

🟦김 자신만의 워라밸을 가질 수 있는 거요. 일반 회사에 다니면서 낮에 강아지를 산책시키거나 그림을 배울 순 없잖아요. 물론 처음에는 다른 직장과 똑같아요. 오히려 더 바쁠 수도 있어요. 디자이너가 되기까지 정말 많은 시간과 비용을 투자해야 하거든요. 처음에는 자신의 시간을 갖는 게 힘들지만, 어느 정도 궤도에 올라서 디자이너가 되고 난 후에는 변화가 생기죠. 돈에 얽매이지 않고 마음을 조금 내려놓을 수 있다면, 충분히 자기 자신을 위한 시간을 조율할 수 있어요.

이건 꼭 원장이나 오너가 아니어도 가능해요. 오히려 자기 숍을 차린 후에 내려놓지 못하면, 직원들보다 더 늦게까지 일하고 자기 시간을 갖지 못해요. 원장이나 오너, 직원이라는 입장이 중요한 건 아니에요. 어떤 마음을 갖느냐에 따라서 달라져요. 개인 선택이죠. 헤어디자이너라는 직업은 어느 정도 궤도에 올라간 후에는 일하는 시간이나, 출근하는 요일을 내 위주로 조율해서 취미나 휴식 시간을 얼마든지 가질 수 있어요. 지금은 선택할 수 있는 숍의 형태나 폭도 넓어졌고, 디자이너

가 시간이나 장소를 스스로 결정할 수 있는 부분이 더 많아졌
고요. 기계가 결코 대체할 수 없고, 사람만이 할 수 있는 일이
기 때문에 인력이 늘 부족하죠. 자신이 우수한 기술력을 갖추
고 있다면, 브랜드 숍이든 어디든 가고 싶은 곳을 선택할 수
있어요. 자기 삶의 주도권을 자신이 가질 수 있다는 게 정말
큰 매력인 것 같아요.

일을 그만두고 싶다고 느낀 적도 있나요?

편 이 일을 그만두고 싶다고 느낀 적도 있나요?

김 어떤 일을 하든지 힘든 순간은 다 있을 거예요. 그래도 헤어디자이너로서 미용을 그만두고 싶다고 생각한 적은 한 번도 없어요. 다만 블랙 컨슈머를 만나면 아주 힘들죠. 요즘은 그렇지 않은데, 제가 처음 미용을 시작할 때만 해도 남자 헤어디자이너가 많이 없었어요. 작은 숍은 보통 여자 원장님이 계시고 직원도 한두 명이니까 남자 디자이너를 잘 안 썼고요. 그래서 저는 브랜드 숍 말고는 선택의 여지가 없었어요. 브랜드 숍은 직원이 30명 이상 되니까 남자가 한두 명이 있어도 크게 불편해하진 않거든요.

제가 일했던 브랜드 숍이 소위 고소득층 분들이 많이 오는 곳이었는데, 제가 디자이너가 된 지 얼마 안 됐을 때였어요. 초등학생 정도 되는 꼬마 손님이 혼자 왔고, 머리를 커트해 달라고 해서 잘 다듬어줬어요. 그런데 나중에 그 어머니가 와서 원장님이 다시 커트해달라고 하는 거예요. 원장님이 마음에 안 드는 부분을 구체적으로 말씀해 주시면 다시 잘라준다고 했는데, 머리가 마음에 안 드는 게 아니라 원장이 아닌 신입 디자이너가 머리를 커트한 게 언짢았던 거예요. 자기 남편이 치과의사니까 당연히 원장이 해줘야 한다고 생각했던 거죠. 그래서 제가 마음에 안 드는 게 있으면 더 잘해드리겠다고 하니까 그 어머니가 본심을 드러냈어요. 저한테 못 살고 못 배워서 미용한다는 식으로 무시하는 말을 하면서 인신공격을 하더라고요. 당시에는 대학에 미용학과도 없었을 때고, 실제로 고등학교를 졸업하고 바로 학원에서 자격증 따서 미용사가 되는 경우가 많았거든요. 저는 4년제 대학교를 졸업하고 나서 미용이 적성에 맞는다고 생각해 뒤늦게 시작한 경우인데, 미용사는 고등학교를 졸업하고 자격증만 따서 취업하고, 집안도 어려울 거라는 선입견을 품고 함부로 대한 거죠. 제가 조선대 토목과를 나왔는데, 알고 보니 그 남편분도 조선대 치과대학을 나왔더라고요. 동문인 데다가 저와 우리 가족들이 그 남편분의 치과를 실제로 다니고 있었거든요. 한동네에 살다 보니까 남편분이 저에 대해서 어느 정도 알고 있었는데, 아내 얘기를 듣고 상황을 알게 돼서 사과하라고 했대요. 나중에 찾아와서 사과하고 가셨어요.

그리고 서울에 와서 디자이너를 하다가 제 가게를 처음 차렸을 때예요. 브랜드 숍에서는 커트비를 3만 5천 원씩 받았는데, 제 가게는 브랜드도 아니고 역세권도 아니니까 커트비를

만 원으로 내렸어요. 아이들은 5천 원으로 하고요. 그것도 저는 많이 낮춘 거로 생각했거든요. 그때가 12월 수능시험이 끝난 즈음인데, 단골이던 고등학생이 친구를 데리고 왔어요. 원래는 가족들 모두가 청담동에 있는 숍을 다니는데, 친구 손에 이끌려서 온 거라 별로 자르고 싶지 않다고 하더라고요. 청담동 숍을 이용하는 분들이 모두 그런 건 아니지만, 비싼 비용을 지불하니까 예의 없는 말과 행동을 해도 된다고 생각하는 분들이 있어요. 그런 부모님의 모습을 보고 아이들이 대부분 따라 하더라고요. 그 친구가 그랬어요. 제가 자르기 싫으면 자르지 말라고 했는데 자르겠대요. 커트를 마치고 더 자르고 싶은 데가 있냐고 물어봤는데, "이게 아저씨 실력이죠? 더 말해봤자 아저씨 실력이 여기까진데, 더 망치면 망쳤지, 뭐가 나아지겠어요?"라고 말하면서 짜증을 내더라고요. 내 실력을 못 믿어서 더 자르기 싫다면 미안하다고 했죠. 커트비는 5천 원이라고 말했는데, "이렇게 잘라놓고 돈을 달라고 하는 건 자존심도 없는 거죠."라고 말하면서 5천 원을 바닥에 던지는 거예요. 브랜드 숍에서 직원으로 일할 때 그런 일들을 이미 많이 겪어봤고 화내지 않고 잘 대처하는 게 몸에 배어있지만, 그래도 기억에 남아 있어요. 이제는 그런 분위기의 손님은 일부러 피하게 돼요.

어떤 사람이 헤어디자이너와 잘 맞을까요?

편 어떤 사람이 헤어디자이너와 잘 맞을까요?

김 자기가 돋보이고 싶은 사람, 자신이 주인공이어야 하고 이기적인 성향이 있는 사람들은 이 직업과 안 맞는 것 같아요. 새로운 무언가를 창조하는 걸 좋아하면서 손재주가 있고, 자신보다는 다른 사람을 꾸며주기 좋아하는 사람이 잘 맞을 것 같아요. 자기가 돋보이고 싶은 사람이 디자이너가 되면, 미적 감각은 있을 수 있지만 고집이 세고 고객에게 자신이 생각하는 스타일을 강요하는 경우가 많아요. 왜냐하면 자기가 다 맞는다고 생각하니까요. 그래서 외모를 잘 꾸미고 예쁜 디자이너보다 수수한 디자이너의 실력이 나을 때가 많아요. 미용사들끼리 서로 머리를 해주기도 하니까 실력을 잘 알죠. 그리고 최고를 목표로 하는 사람은 괜찮지만, 자만심이 센 사람은 어려울 것 같아요. 겸손하게 배우려는 자세가 중요한데, 디자이너가 되기 전이고 교육을 받는 과정에서 강사나 선배들이 하는 얘기를 잘 안 듣는 경우가 있더라고요. 그런 성향은 이 직업과 맞지 않아요.

직업병이 있나요?

(편) 직업병이 있나요?

(김) 사람들을 볼 때 얼굴이 아니라 머리를 먼저 보게 돼요. TV를 볼 때도 마찬가지고요. 연예인들을 보면서 나라면 다르게 했을 텐데 생각하기도 하고, 스타일이 바뀌는 것도 더 세세하게 보게 되죠. 그리고 내 머리를 할 때 다른 미용실에 가서 머리를 하는 직업병도 생겼는데요, 미용사는 다양한 경험을 해야 한다는 생각이 있었거든요. 제가 서울에 처음 올라왔을 때, 직접 머리를 해보려고 우리나라에서 최고라는 청담, 압구정의 한 숍에 간 적이 있어요. 헤어숍이 항상 그렇듯이 숍에 들어갔을 때, 매니저가 저를 처음 응대해 줬고 찾는 디자이너 선생님이 있냐고 물어봐서 "아니요, 처음인데요."라고 얘기했어요. 그랬더니 초급 디자이너로 보이는 선생님이 머리를 해줬고, 가위로 귓불이 잘리는 일을 겪게 되었죠. 괜찮다고 걱정하지 말라고 하면서 허세를 떨고 나와 응급실에 가서 귀를 꿰맸어요. 지금 생각해도 웃음이 나네요. 그 일로 지금도 왼쪽 귀 근처로 가위가 오면 움찔거리는 습관이 생겼죠.

스트레스는 어떻게 해소하세요?

편 스트레스는 어떻게 해소하세요?

김 솔직히 스트레스를 잘 받는 편은 아니에요. 직원일 때는 아무래도 참고 견디는 노력을 많이 했는데, 지금은 제 가게니까 어떤 문제가 생기면 그 자리에서 말할 건 말하고, 최대한 해결하면서 넘어가려고 해요. 내 가게를 운영해서 얻게 된 자유겠죠. 직원일 때는 월급만큼의 값어치를 해야 한다고 생각했고, 그래서 많이 참았던 것 같아요. 그래서 저도 모르게 쌓이는 스트레스가 많았죠. 그런 것들은 운동하면서 풀었는데, 특히 수영을 좋아해요. 그리고 강아지와 산책하고, 그림 그리면서 스트레스를 풀어요. 쉴 때는 핸드폰이나 TV를 다 끄고, 음악도 안 듣고 조용하게 있기도 하고요.

헤어디자이너가 되는 방법

헤어디자이너가 되는 과정에 대해서 알려주세요.

편 헤어디자이너가 되는 과정에 대해서 알려주세요.

김 우선 미용사 자격증이 필요해요. 가장 일반적인 방법은 미용 관련 고등학교나 미용학원에 다니면서 자격증을 따고, 숍에 들어가서 시스템에 따라 경력을 쌓아요. 단계별로 승급 테스트에 통과하면 디자이너가 되는데, 보통 2년 6개월에서 3년 정도 걸려요. 다음으로는 대학의 미용학과에 진학하는 거예요. 2년에서 4년 정도 전공학과 공부를 하면서 자격증이나 면허증을 취득하고, 이후에 교수님의 추천이나 본인의 의사에 따라서 숍에 들어가는 거죠. 그리고 교육과 테스트를 거치는 과정은 같아요.

그리고 특화된 재교육 아카데미 같은 곳에서 전문 트레이닝을 통해 직원이 아닌 원장으로 헤어디자이너가 되는 사람들도 있어요. 아무래도 나이가 많으면 힘들긴 하겠죠. 하지만 여성센터 같은 곳에서 수강하고 자격증을 따거나, 본인이 원하는 강좌를 들으면서 기술력을 갖추고 현장 경험을 쌓아 헤어디자이너가 되는 분들도 있어요. 또한 로드 숍에 취업했을 때 헤어디자이너가 되는 시간이 단축되긴 해요.

일반 학원과 아카데미와 학교의 차이가 있을까요?

편 브랜드 숍의 아카데미도 있다고 하셨는데요. 일반 학원과 아카데미와 학교의 차이가 있을까요?

김 학원이나 아카데미는 자격증 위주의 수업을 많이 해요. 학교는 디자이너 양성 과정에 초점을 두기 때문에 자격증 수업은 부수적으로 들어가고요. 그래도 학교나 학원이나 아카데미나 결국은 현장에서 배우면서 경력을 쌓는 게 가장 중요해요. 디자이너가 되려면 숍에 들어가야 하거든요. 그런데 요즘은 대학을 나와서 바로 디자이너가 되는 경우도 있긴 해요. 학원은 교과 과정이 짧다 보니까 바로 디자이너가 되긴 좀 힘들지만, 대학에서는 2~4년 동안 배우기 때문에 바로 디자이너가 되기도 하거든요. 실무 기술을 전문적으로 익히고 빨리 현장에 들어가 경험하면서 헤어디자이너가 되려고 한다면 학원이나 아카데미 쪽을 추천하고, 아직 어리고 대학 생활도 해보면서 이론과 실기를 두루 섭렵해 보고 싶다면 대학을 추천해요. 어느 쪽도 헤어디자이너가 되는데 정답이라고는 할 순 없어요. 본인의 생각과 형편에 맞는 길이 최선이라 할 수 있겠죠.

미용학과도 4년제가 있나요?

편 미용학과도 4년제가 있나요?

김 서경대학교에 4년제 과정이 있어요. 그리고 여러 계약학 과도 많이 생기고 있고요. 서경대학교에 뷰티미용학과가 있고, 여러 계약학과가 생기면서 함께 성장하게 된 계기가 된 것 같 아요. 체인점이나 아카데미에서 한발 더 나아간 거죠. 전문대 로 2년제 과정인데요, 입학하면서 바로 그 브랜드의 집중 교육 을 받는다는 장점이 크다고 생각해요. 학교는 브랜드를 보고 입학하는 학생들로 인해 인원을 많이 받을 수 있고, 브랜드 숍 입장에서는 졸업 후 본인의 브랜드에서 일을 하게 되니 서로 도움이 되는 시스템인 것 같아요. 서경대는 뷰티 미용 관련 4 년제 학과를 만들었어요. 대학원 과정도 만들어서 학부, 석사, 박사 과정까지 논스톱으로 밟을 수 있는 대학교로 유명하고 요. 제가 서경대에서 석, 박사를 하는 이유이기도 해요.

어떤 재능이 있어야 도움이 될까요?

편 이 책을 읽는 청소년들이 어떤 관심이나 재능이 있어야 헤어디자이너가 되는 데 도움이 될까요?

김 남들과 좀 다른 관점을 가지고 세상을 바라봤으면 좋겠어요. 패션을 보는 눈, 미적 감각을 갖고 있으면 더 좋고요. 세상을 다르게 바라보는 관점이라고 해서 무조건 특이하고 튀는 게 아니라, 자신과 타인의 개성을 잘 파악하고 그 포인트를 아

→ **브랜드 숍 아카데미에서 졸업장을 받는 모습**

이 학생은 제가 인덕대에서 가르쳤던 학생인데, 취업한 후에
아카데미에서 우연히 다시 만났어요. 아카데미 강사로 일을 하게 되어서
이런 자리가 만들어지니, 사람 인연은 알 수 없다는 말이 생각났죠.

변신을 통해 행복을 선물하는
헤어디자이너

대학교나 아카데미에서 강의할 때면 제자나
후배들에게 항상 하는 말이 있어요. "최고가 되려고
하지 말고 필요한 사람이 돼라." 최고가 되려고
하다 보면 욕심이 생기고, 주위에 적이 많아질 수
있거든요. 그러다 보면 스트레스를 많이 받게 되고
인생에서 돈이 우선이 될 수 있어요. 그러면 나중에
일등의 자리에 올라갔다고 한들 허전할 수밖에
없어요. 하지만 필요한 사람은 항상 주위에 좋은
사람들이 모이기 때문에, 오랫동안 웃으며 즐겁게
미용 일을 할 수 있죠.

는 감각이요. 그래야 전반적으로 머리와 어울리는 옷이나 액세서리를 잘 맞출 수 있거든요. 그리고 그림을 잘 그리진 못해도 손재주는 있어야 할 것 같아요. 무엇이든 손으로 만드는 것을 좋아하고, 다른 사람을 꾸며주는 걸 좋아하는 친구들이 하면 좋겠죠. 오지랖으로 보일 수도 있지만, 다른 사람에게 어울리는 것을 찾아주고 추천해 주는 친구들이 있잖아요. 그런 소질이 있으면 미용이 잘 맞는 것 같아요.

능력을 어떻게 키울 수 있을까요?

편 헤어디자인도 창조적인 업무인데요. 그런 능력은 어떻게 키울 수 있을까요?

김 물론 창의성도 중요하죠. 그런데 그전에 더 중요한 것은 기본기예요. 아무리 뛰어난 디자이너도 기본 베이스가 없으면 반드시 한계가 있어요. 똑같은 목적지를 향해 가더라도 누구는 고속도로로 가고, 누구는 산을 넘어가고, 누구는 흙길로 가잖아요. 기본기가 탄탄한 디자이너는 마음대로 머리를 잘라도 고객이 만족할 수 있죠. 하지만 기본기가 없으면, 어수선하고 그 과정에서 고객도 불안해해요. 탄탄한 기본기가 있어야 고객도 안정감을 느끼거든요. 더 나아가서 응용도 할 수 있고요. 학교나 학원에서는 머리 스타일별로 정해진 이름이 있고, 그대로 공부해요. 같은 커트여도 보브, 레이어, 모히칸, 쇼트커트 등이 있죠. 하지만 고객들이 이 명칭을 정확하게 알고 오는 경우는 드물어요. 개념을 잘 모르는 상태에서 본인이 원하는 스타일을 설명하거든요.

그리고 같은 스타일의 머리도 유행이 바뀌면 명칭이 바뀌는 경우가 있어요. 예전에는 핑클 펌이었는데 요즘은 스왈로 펌이라고 하고, 샤기 컷, 지라시 컷, 거지 컷이라고 했던 스타일을 허시 컷이라고 하고, 굵은 웨이브 펌을 러블리 펌이라고도 해요. 손님이 와서 뒤통수가 납작하니까 입체적으로 보이도록 살리고, 길이는 좀 짧게 해달라고 하면, 그게 보브 느낌인데요. 같은 보브여도 모든 사람이 완벽하게 같은 스타일을 구현할 순 없잖아요. 누군가는 더 길게, 누군가는 더 짧게, 뒤쪽을 쳐내기도 하고, 풍성하게 살리기도 해요. 그럴 때 기본기가 있어야 고객이 원하는 스타일이 뭔지 알 수 있고, 고객에게 맞게 응용해서 시술해 줄 수 있어요. 그리고 앞에서 예를 든 핑클 펌과 스왈로 펌도 거의 똑같지만, 꼬는 양이 조금 다르다거나 약간의 변형이 있거든요. 이런 작은 차이를 알려면 계속 배우려는 자세를 갖고 있어야 해요. 자신이 만족하지 못하는 부분에 대해서 깊이 생각하는 노력도 필요하고요. 자신감과는 별개로 겸손하게 배우려고 하는 자세를 가져야 더 발전할 수 있어요.

헤어디자이너는 다양한 경험을 해보면 좋겠어요. 너무 한곳에 갇혀있으면 다양한 경험을 하지 못하고, 자기들만의 세계에 갇힐 수 있어요. 요즘은 같은 브랜드라도 일반 매장과 고급 콘셉트의 매장으로 나누어서 운영하고, 디자이너에게도 억대 연봉의 기회가 주어지고 있어요. 그 안에서는 그게 나름의 프

ⓝ 베트남에서 열린 국제 스타킹대회에 심사위원으로 참석

↑ 백석예술대학교 제자들의 졸업작품 헤어쇼 참석

제자들이 1회 졸업생이어서 처음으로 한 뜻깊은 행사였어요.

변신을 통해 행복을 선물하는
헤어디자이너

라이드가 되더라고요. 이런 헤어디자이너를 멘토로 생각하는 인턴들에겐 선망의 대상이 되기도 하죠. 그런 경우 자칫하면 겸손함을 잊게 돼서 본인이 받는 연봉이 자신의 진짜 능력이라고 착각하게 만드는 부작용도 생기거든요.

사람들을 대하는 태도나 지혜는 어떻게 연마하나요?

🔵 헤어디자이너로서 사람들을 대하는 태도나 지혜는 어떻게 연마할 수 있나요?

🔵 중요한 건 방법적인 것이 아니라 진실성, 그리고 마음가짐 인 것 같아요. 주인공은 자신이 아니라 고객이라는 생각을 가 지고, 고객의 행동이나 감정에 집중해야죠. 그렇지 않으면 고 객의 말을 듣기보다 자기 할 말만 하게 돼요. 고객에게 집중하 면, 고객이 원하는 것을 말하지 않아도 먼저 서비스해 줄 수 있거든요. 이런 부분은 마음가짐에 따라 큰 차이가 있어요. 기 본적인 자질, 성격, 품성은 타고나지만, 노력하면 조금이라도 바꿀 수 있죠. 자신이 어딘가에서 물건을 사던, 커피를 마시던, 어떤 서비스를 받는 입장이 되었을 때, 좋았던 서비스나 행동 에 대해 관찰하고 자기의 것으로 응용하기도 하고요. 이런 노 력을 한다면, 분명히 헤어디자이너로서 많이 성장할 수 있다 고 생각해요.

헤어디자이너 자격증은 한 가지인가요?

편 헤어디자이너 자격증은 한 가지인가요?

김 네. 미용사 자격증은 국가 자격증으로 하나예요. 예전에는 이 자격증 하나로 네일, 메이크업까지 다 할 수 있었어요. 그래서 시험과목에 메이크업도 다 포함되어 있었는데, 지금은 네일, 피부, 메이크업 다 별도의 자격증이 있어요. 이렇게 나눠진 게 10년 조금 넘었죠. 요즘은 미용실 안에서 네일 서비스를 하려면 네일 자격증이 있는 사람을 고용해야 해요.

편 미용산업은 자격증이 중요하네요.

김 네. 미용은 전부 허가제예요. 그래서 투자자가 따로 있더라도 자격증이 있는 사람을 대표로 해서 허가를 받아야 해요. 요즘 유명한 차홍 프랜차이즈도 대표는 차홍으로 되어 있지만, 투자자들이 있거든요. 투자자들은 자격증도 없고 헤어디자이너도 아니지만, 실질적으로 주인이 될 순 있죠. 예전에 블루클럽도 그렇고 투자자들이 자격증이 있는 사람을 고용해서 허가받아 내는 경우가 많았어요.

헤어디자이너 채용은 어떻게 이루어지나요?

편 헤어디자이너 채용은 어떻게 이루어지나요? 사이트 같은 게 있나요?

김 구인, 구직 카페나 미용커플, 헤어2000, 헤어잡 같은 미용 전문 구인 사이트가 여러 개 있어요. 미용학과가 있는 대학은 브랜드 숍과 연계해서 취업으로 바로 이어지기도 하고, 아카데미에서는 수강생들에게 숍을 소개해 주는 경우도 있고요. 채용이 가장 많이 이루어지는 곳은 인터넷 구인·구직 사이트나 카페예요. 최근에는 개인 헤어디자이너가 운영하는 SNS나 유튜브 등으로 채용하기도 해요. 경력이 있는 헤어디자이너는 같이 일했던 동료들을 통해서 취업하기도 하고, 재료상 사장님들의 소개로 취업하는 경우도 있죠.

내성적인 성격의 사람도 이 직업이 잘 맞을까요?

편 아무래도 사람을 대하는 직업인데요. 내성적인 성격의 사람도 이 직업이 잘 맞을까요?

김 저는 괜찮다고 생각해요. 실제로 내성적인 디자이너들도 많아요. 디자이너가 외향적이냐, 내성적이냐보다는 고객의 성향을 잘 파악하고, 이야기를 잘 들어주는 게 더 중요해요. 단지 내성적이면 자신이 더 많은 기술을 가지고 있고, 잘하는데도 표현하지 못할 때가 많죠. 그건 좀 불리하게 작용할 수도 있을 것 같아요. 아무래도 손님들은 더 적극적이고 활달한 디자이너에게 먼저 눈이 가니까요. 내성적인 성격이라면 그만큼 더 실력으로 승부하고 노력하면 돼요. 머리를 하고 난 고객들의 입에서 만족한다는 반응이 나와야 하니까요.

청소년들이 어떤 경험을 하면 좋을까요?

편 헤어디자이너가 되고 싶은 청소년들이 어떤 경험을 하면 좋을까요?

김 어린 학생들은 엄마나 동생, 친구들의 머리를 묶어주기도 하고 땋아주기도 하면서 놀이처럼 경험하는 것도 좋다고 생각해요. 그리고 기질적으로 다른 사람의 머리나 패션에 관심이 많은 학생은 엄마의 머리 스타일이나 옷도 골라주더라고요. 실제로 동생이나 친구들 화장도 해주고, 자기 머리에도 여러 가지 시도를 해보려고 해요. 그리고 중고등학생 정도 되면 친구들에게 어디 미용실이 잘한다고 알려주고, 데리고 오기도 하고요. 다른 사람들에게 늘 관심이 많고, 그들에게 변화를 주고 싶어 하는 만큼 가족이나 친구, 친지들의 스타일 변화에 다양한 시도를 해보면 좋겠어요.

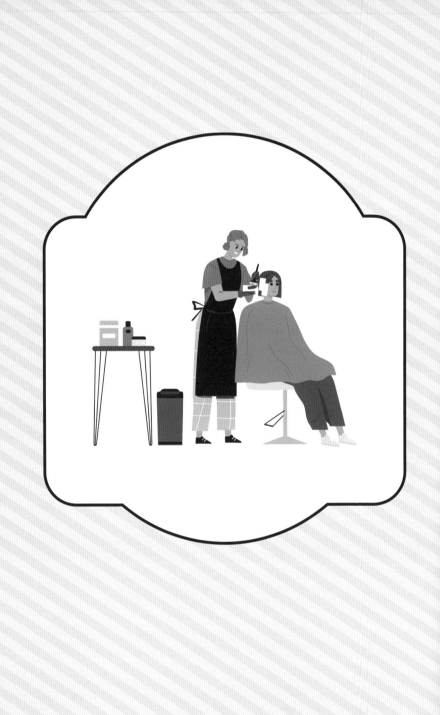

헤어디자이너가
되면 일어나는
일들

자격증이 있으면 헤어디자이너인가요?

편 자격증을 따고 나면 바로 헤어디자이너가 되는 건가요?

김 자격증을 따면 법적으로 미용사를 할 수 있는 자격을 갖추게 되는 거죠. 그렇다고 디자이너라고 하진 않아요. 스태프나 인턴 과정을 2년 반에서 3년 정도 거친 후에 초디(초급 디자이너)가 되어야 디자이너라고 말해요. 초디가 되었다는 건 인턴 과정을 거치고 나서 기술적으로 커트, 펌, 염색, 두피 관리 등의 모두 기술을 할 수 있는 상태가 된 거예요. 그래도 아직 초반에는 미숙한 부분들이 많으니, 경험을 더 쌓아야죠.

요리사도 한식이나 양식 조리사 자격증이 있으면 음식을 만들거나 식당을 하는 데 문제는 없지만, 셰프라고 하진 않잖아요. 어느 정도 숙련되는 시간이 필요해요. 헤어디자이너도 마찬가지죠. 디자이너라는 이름을 가졌다는 것은 인턴 과정을 거쳤다는 걸 의미해요. 그래서 앞에서 말한 것처럼 대학교만 졸업하고 나서 스스로 디자이너라고 하는 경우는 숍에서 거의 인정하지 않아요. 인턴이나 인턴을 막 마친 초급 디자이너 정도로 보죠.

숍에서 디자이너끼리 부딪치는 일이 많을 것 같아요.

편 개성이 강한 사람들이 모이다 보면, 숍에서 디자이너끼리 부딪치는 경우도 많을 것 같아요.

김 그나마 개인 숍은 소수의 인원이고 보통 월급제라 조금 덜 부딪치는 편인데요. 브랜드 숍은 인원이 많은 만큼 여러 가지 상황이 발생해요. 디자이너와 인턴이 한 팀인데, 인턴들끼리의 갈등이 팀별 싸움으로 번지기도 해요. 디자이너들 사이에서는 매출로 경쟁하는 부분도 있고요. 쉬는 날 손님이 다른 디자이너에게 가게 되면 마찰이 있기도 하죠. 인턴들끼리는 누가 일을 더 많이 했다고 싸우기도 하고요.

　그래서 숍 내부에는 많은 규칙이 있어요. 화장실은 몇 분 안에 다녀오고, 밥은 언제 먹고, 어떤 시술은 몇 분까지 마치고, 돌아가면서 당번도 정해요. 작은 부분이라도 상대에게 피해를 주면 갈등이 생길 가능성이 크니까 모든 갈등을 방지하는 차원에서 만드는 거죠. 그런데 아무리 규칙이 많아도 서로 부딪치지 않으려면, 때로는 내가 조금 더 움직이고 손해를 보더라도 넘어가는 부분이 있어야 해요. 다른 사람이 먼저 했으면, 다음에는 내가 먼저 하는 식으로 노력하는 게 중요해요.

헤어디자이너로서 숙련되는 기간은 얼마나 걸릴까요?

편 헤어디자이너로서 숙련되는 기간은 얼마나 걸릴까요?

김 디자이너가 되는 기준으로 말씀드리면, 브랜드 숍에서 인턴, 스태프 기간을 보통 2년 반에서 3년 정도 거쳐야 해요. 청담동처럼 고급 콘셉트인 숍에서는 인턴 기간이 5년에서 8년까지 되기도 하고요. 개인 숍은 원장이 얼마나 많이 알려주고 디자이너로 올려주느냐에 따라 더 빨리 숙련되기도 해요. 그래서 디자이너가 빨리 되고 싶은 경우엔 개인 숍으로 가기도 하죠. 물론 개인차도 있고 숍에 따라 차이가 있지만, 평균적으로 2년 반에서 3년의 인턴 기간이 지나고 나면 초급 디자이너가 돼요. 기술적인 능력이 뛰어나면 더 빨리 일반 디자이너가 되겠죠.

그리고 일반 디자이너가 되어서 숙련이 될 때까지 평균적으로 2년 정도 걸려요. 인턴부터 하면 총 5년 정도가 되어야 완전한 디자이너가 되었다고 볼 수 있어요. 그 이후에는 환경이 바뀌거나 새로운 기술 및 제품이 나와도, 새로운 손님이 오거나 다른 시스템이 있는 곳으로 이동해도 충분히 매출을 올리고, 잘 해낼 수 있어요. 그래서 5년에서 8년 차 사이에 자기 숍을 많이 차리죠. 그리고 8년에서 10년 차가 되면, 디자이너보다는 오너로서 숍을 전체적으로 살피고, 경영에 관심을 두게되는 것 같아요. 직원들도 더 살피고, 고객들과 상담할 때도 반점쟁이가 되죠. 한 업종에서 10년 정도 일하면 진짜 베테랑이되는 것 같아요.

편 거의 서서 하는 일이잖아요. 힘들진 않나요?

김 90%는 서서 일하죠. 그래서 앉아 있는 직군보다는 디스크가 없는 것 같아요. 대신에 어깨와 손목, 손가락에 염증도 생기고, 무리가 많이 가요. 어깨 오십견도 빨리 오고요. 주부들과비슷할 거예요. 저도 손가락 사이에 염증이 심해서 많이 붓고, 주사도 맞았는데요. 제 숍을 차리고 나서 손님을 적게 받으니까 없어지더라고요. 지금은 괜찮아요.

급여나 매출은 어떻게 되나요?

편 급여나 매출은 어떻게 되나요?

김 브랜드 숍에서 인턴이나 초급 디자이너의 경우는 무조건 월급제예요. 인턴들의 경우는 법률에서 정한 최저 시급 이상은 다 주고, 하루 최대 근무 시간도 다 지켜서 해요. 요즘은 그렇게 하지 않으면 직원들이 노동부에 신고해요. 대신 합법적으로 아카데미 교육비나 식대는 공제하고 받는 걸로 알고 있어요. 그리고 초급 디자이너들은 월급제이긴 한데, 초기에 디자이너로서 정착할 때까지 6개월에서 1년 정도는 일부 고정급이 있고, 일정 금액 이상 매출을 올리면 인센티브를 지급하는 방식이에요. 인턴과 디자이너의 중간 형태죠.

이후에 디자이너가 되면 기본급이 0원에서 시작해요. 손님이 지불한 금액에서 일정 부분을 받는 거죠. 그 비율은 디자이너마다 다른데요, 청담동 고급 헤어숍에서는 수당을 억대로 받는 디자이너들이 있어요. 연예인들과 비슷하죠. 무명일 때는 회사가 더 많이 가져가고, 인지도가 올라가면 비율을 조정해서 연예인이 수당을 더 많이 받잖아요. 다른 점이라면 매달의 매출에 따라서 아예 수입이 없을 수도 있다는 거예요. 그래서 개인 숍은 대부분 월급제로 해요. 노동법에 명시된 대로 근로계약서를 쓰고, 근로 시간도 철저하게 다 준수하죠.

편 동네 개인 미용실은 수입이 어느 정도 되나요?
김 혼자 일하면 최소한 월세의 세 배 이상의 매출이 나와야 운영이 가능해요. 직원이 한 명 있다면, 월세와 한 명의 월급을 합한 금액의 세 배 이상이 매출로 나와야 하죠. 즉 월세가 100만 원이고 직원 월급이 200만 원이면, 최소 900만 원 이상의 매출이 나와야 저도 200만 원 정도 수입이 있는 거예요.

업무 성과를 어떻게 평가받나요?

편 헤어디자이너는 업무 성과를 어떻게 평가받나요?

김 헤어디자이너는 월급제와 인센티브제도의 두 가지 급여 방식으로 나뉘는데요. 월급제는 가게에서 매달 정해진 월급을 주는데, 이런 헤어디자이너는 업무에서 성과를 원하기보다는 일반적인 업무에서 성실도를 요구해요. 이 과정을 지나 어느 정도 기술력을 갖추게 되면, 업무를 실행하는데 어려움이 줄어들고 본인을 찾는 고객이 늘어나기 시작하죠. 이때는 기본 월급에 인센티브가 더해져요. 업무에서 특정 목적 매출을 달성하면, 기본 30%를 더해주는 식으로 성과에 대해 평가해서 월급을 주죠. 기본 30%를 넘어 점점 인센티브가 높아지고, 최소 매출이 얼마 이상으로 일정하게 되면 이때부터는 개인 매출의 50%, 80%, 이런 식으로 올라가요. 나중에 100%까지 되면, 완전 자율적인 프리랜서 헤어디자이너가 되어서 한 달에 얼마를 가게에 내고 나머지 매출을 본인이 가져가는 거예요. 이때부터는 따로 평가하지 않고, 업무에 대한 성과를 본인이 스스로 관리하고요. 헤어디자이너가 주체가 되는 거죠.

휴가나 복지제도는 어떤가요?

편 휴가나 복지제도는 어떤가요?

김 앞서 말씀드린 것처럼 헤어디자이너에 따라 휴가나 복지도 달라져요. 우선 월급제 헤어디자이너는 가게에서 정한 휴가 날과 동일하게 휴무를 할 수 있고, 복지 또한 나라에서 정한 보험부터 기본 최저 급여를 적용받아요. 월급제와 인센티브가 더해진 헤어디자이너는 위 디자이너와 비슷하게 이루어지는데, 휴가 날을 더 늘릴 수도 있고 복지 또한 본인 선택의 폭이 더 있어요. 다만 월급을 차감한다든지 휴무나 복지를 줄여 월급을 늘리는 경우도 본인 선택의 몫이죠. 마지막으로 100% 인센티브 헤어디자이너 경우는 가게가 정한 휴가나 복지제도와는 무관하게 본인이 모든 걸 정하고 실행할 수 있어요. 본인이 가고 싶은 날에 휴가를 갈 수 있고, 보험이나 출퇴근 시간, 조퇴, 휴식 시간, 식사 시간 등 어떠한 복지도 가게와 무관해요. 100% 자율 결정으로 이루어진다고 보면 돼요.

정년과 노후 대책은 어떻게 되나요?

편 정년과 노후 대책은 어떻게 되나요?

김 헤어디자이너라는 직업을 여러분들에게 프러포즈한 이유 중의 하나가 바로 정년이 없기 때문이에요. 이 직업은 저만 봐도 알 수 있듯이 나이가 48살이 되었지만 지금도 활발하게 활동하고 있고, 제 주변에는 저보다 훨씬 윗세대분들도 현직에서 열심히 일하고 계세요. 미용실 원장으로 계시는 분들은 고객들을 예약으로 받으면서 근무 시간을 조절하고, 나머지 시간에는 본인이 하고 싶었던 취미 생활을 하고 있죠. 이것만 보더라도 정년과 노후에 대한 보험까지 두 마리 토끼를 다 잡았다고 할 수 있을 거예요.

또한 대학교에서 강의하시는 분은 정년이 63세까지로 정해져 있지만, 부교수에서만 퇴직할 뿐 본인의 의사에 따라 연장도 가능해요. 이것은 헤어디자이너라는 직업이 기술력으로 만들어지는 특수한 자리이기에, 나이가 많다고 해서 내가 가지고 있는 기술이 사라지지 않기 때문일 거예요. 현직에서 계약이 종료되면 연금이 나오기 때문에 노후가 어느 정도 보장되고, 대학교 퇴직 이후에는 학원이나 아카데미 쪽으로 자리를 옮겨 현장 일을 이어갈 수 있기 때문에 꾸준히 수입을 발생시킬 수 있어요. 이 또한 내가 정하는 정년이라고 볼 수 있죠. 젊은 나이에 헤어디자이너로서 정년을 맞이했다 하더라도, 내가 원하면 나이가 들어서도 다시 시작할 수 있는 게 헤어디자이너라는 직업이에요.

할아버지 할머니가 되어도 이 일을 할 수 있을까요?

편 할아버지 할머니가 되어도 이 일을 할 수 있을까요?

김 당연하죠. 이발소를 하셨던 저의 아버지 친구분도 예전에 은퇴하셨다가 자식들이 독립해 나가고 심심하다면서 다시 이발소를 열었어요. 그리고 결혼 후에 미용실을 그만두고 아이들을 키우던 여성들도 다시 미용실을 운영하거나 취업하는 경우를 많이 볼 수 있어요. 헤어디자이너라는 직업에서 나이는 문제가 아니라고 말씀드리고 싶어요.

　나이가 많은 현역 디자이너는 우리 주위에서 쉽게 볼 수 있는데요. 한자리에서 혼자 오랫동안 꾸준히 일을 해오시는 분들이 그 예라고 할 수 있어요. 어릴 때 제 머리를 잘라주던 미용사는 그 자리에서만 20년을 넘게 하고 계시고, 지금도 제 머리를 잘라주고 있어요. 아가씨였던 미용사는 손님으로 만났던 분과 결혼해서 애를 낳고, 그 애가 대학교에 진학했죠. 인테리어뿐만 아니라 손님들과 같이 나이가 들어가고 있으니, 이런 분들이 산증인이라 할 수 있어요. 아마도 이분은 본인이 정한 은퇴 시기가 미용을 그만두는 날이 될 거라 확신해요.

이 직업은 우리 사회에서 어떤 의미가 있을까요?

편 이 직업은 우리 사회에서 어떤 의미가 있을까요?

김 헤어디자이너라는 직업은 갈수록 노령화가 이루어지고 있고, 젊은 친구들이 직장을 구하지 못해 어려워하고 있는 지금의 우리 현실에서 시사하는 바가 있다고 봐요. 젊은 친구들은 대기업에 들어가거나 공무원이 되어도 만족하지 못하면 그만두고, 자신의 삶을 찾아 나가죠. 처음부터 본인의 적성과 특기가 미용 쪽이라면, 이런 현상은 눈에 띄게 줄어들 거예요. 한번 익힌 기술은 나이가 들어도 몸이 기억하기 때문에, 젊은 나이에 퇴직하고 다른 일을 찾아 이력서를 내러 다니는 일 또한 일어나지 않을 거고요. 그런 의미에서 우리 사회에 간접적으로 보탬이 되는 직업인 거죠.

이 직업의 장점은 평생직장이라는 개념을 깰 수 있다는 거예요. 다른 분야에서 일하는 경우 처음 들어간 직장을 평생직장으로 삼고 싶어 하는 사람도 있겠지만, 이 직업은 다양한 현장을 경험해 보는 게 무엇보다 중요하거든요. 미용이라는 분야는 다양한 기술을 요구하기 때문에 한 곳에서 우물 안 개구리가 되기보다는 여러 현장을 돌며 새로운 경험을 쌓는 게 나의 무기를 개발하는 좋은 방법이 되죠. 그렇다고 너무 짧게 일하며 이직을 거듭해야 한다는 뜻은 아니에요. 어느 정도 새로운 환경을 경험하고 새로운 기술을 더 배우고 싶으면 또 다른 직장을 찾아 환기를 해주는 거죠.

지금처럼 청년 실업이 많고 대학을 나와도 취업에 어려움이 있는 시기에 누구의 도움을 받지 않더라도 혼자만의 힘으로 취업할 수 있어요. 또한 일을 할 수 있음에도 명퇴해서 집에서 쉬어야 하는 분들도 얼마든지 기술을 배워서 취업하거나 창업할 수 있는 직업이므로 취업 창출에 이바지한다고 할 수 있어요.

헤어디자이너의 VLOG

브랜드 헤어숍에서 운영하는
아카데미 1레벨 수강생들

아카데미는 보통 1레벨부터 5레벨까지 있으며 레벨별로 펌, 염색,
드라이, 올림머리, 커트 순으로 수업이 진행돼요. 레벨당 6개월의
시간이 소요되고, 수업이 끝날 때 테스트를 본 후 통과해야
다음 레벨로 올라가는 시스템이죠. 사진 속 증명서는 레벨을
통과했다는 디플로마이며 수업 마지막 날 수여식 후에 촬영한
거예요. 이날은 1레벨 강사의 자격으로 참석했고, 매번 졸업식에
갈 때는 부모가 된 기분이 들죠. 다음 레벨에서도 잘하길 바라는
마음이에요.

2레벨 수업은 남자 머리와 드라이 수업으로 이루어지며
이 수업 또한 6개월이 한 코스예요. 겨울에 이루어진
수업이었고, 8시 시작인 1교시 수업이었기 때문에 새벽
5시 30분에 일어나야 해서 조금은 힘든 시간이었죠.
하지만 이 시간에 나오는 학생들을 생각하면 일주일에
한 번인 이 수업이 매우 중요한 시간이었어요. 학생들은
수업을 듣고 오후에는 일을 나가야 하니 저보다 훨씬
힘들었을 텐데, 열심히 하는 모습에 늘 대견했어요.

모 브랜드 아카데미 2레벨 클래스에 대한
기억과 추억들

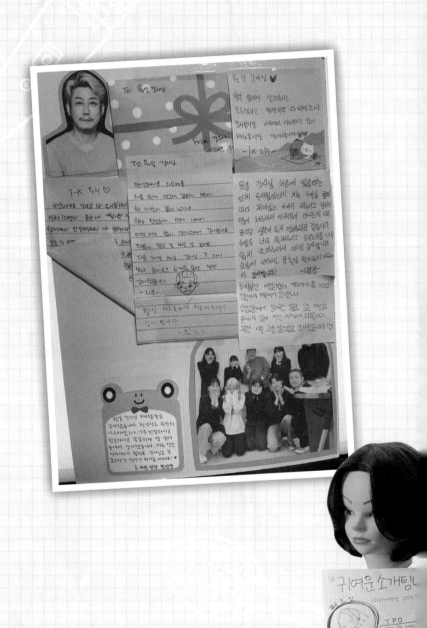

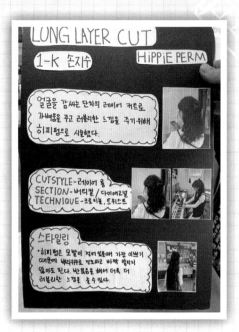

학생들이 6개월간 배운 커트를 기반으로
자유롭게 자른 머리를 스타일 한 후 발표하는 자리

변신을 통해 행복을 선물하는
헤어디자이너

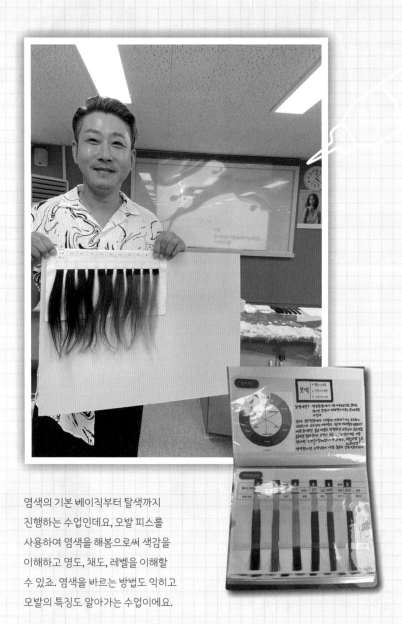

염색의 기본 베이직부터 탈색까지
진행하는 수업인데요, 모발 피스를
사용하여 염색을 해봄으로써 색감을
이해하고 명도, 채도, 레벨을 이해할
수 있죠. 염색을 바르는 방법도 익히고
모발의 특징도 알아가는 수업이에요.

6개월 동안 수업을 들은 인턴 학생들이 본인이 디자이너가 되었다고 생각하며
프리 커트를 하고, 상황을 만들어서 재현하고 설명하는 모습이에요. 마네킹
머리만 커트하는 것이 아니라, 그동안 배운 커트를 기반으로 마네킹에 메이크업과
의상도 입히고 본인만의 개성을 살려서 표현하죠. 제 점수와 다른 학생들이 준
점수를 더해 베스트를 뽑는 방식이에요.

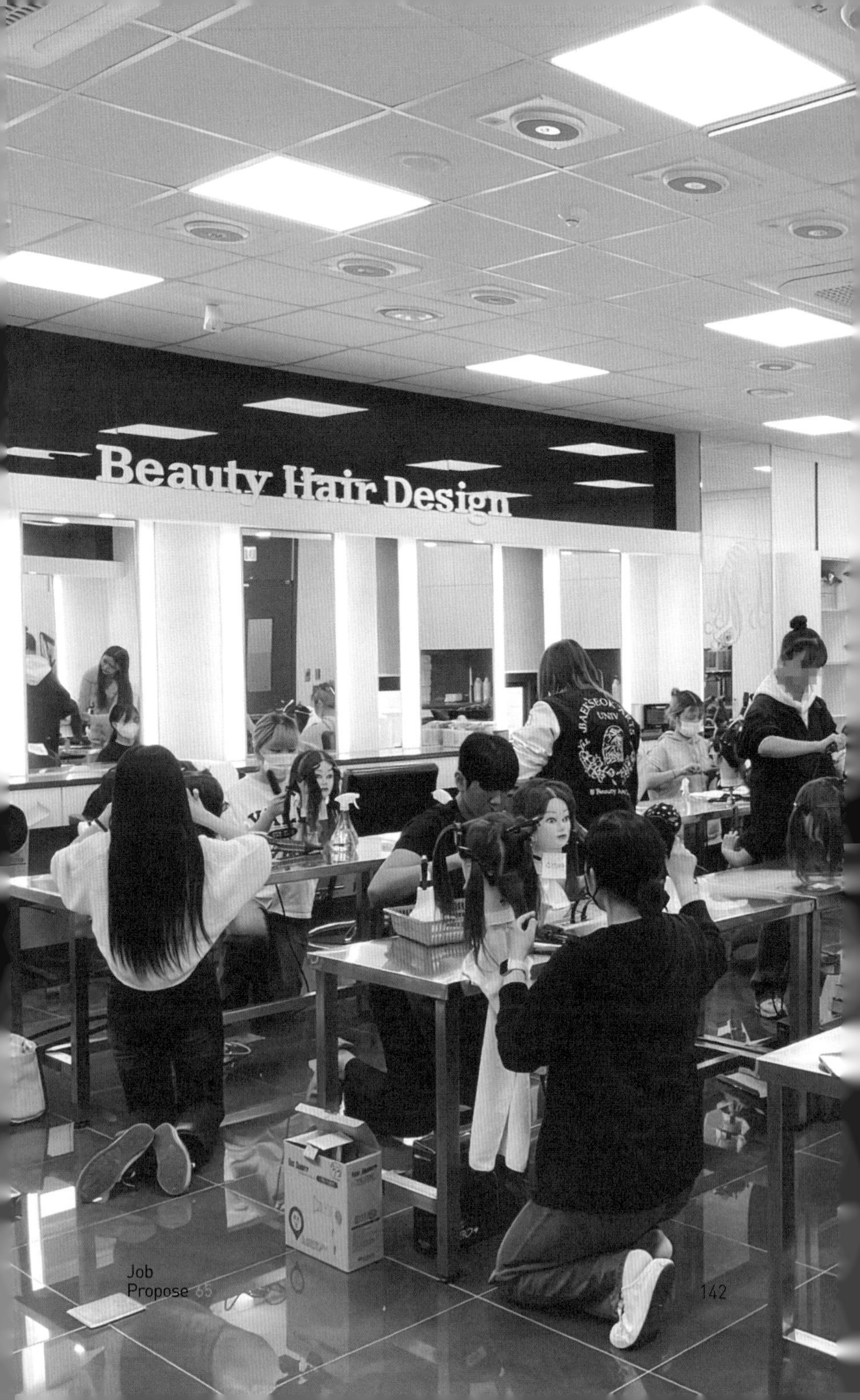
Beauty Hair Design

드라이의 원리와 모발의 이해, 컬을 만드는 원리, 드라이 테크닉을 익히는 드라이 수업이에요.

변신을 통해 행복을 선물하는
헤어디자이너

⊙ 서경대학교 학부 졸업작품

조선시대의 남자와 여자, 봄과 화이트를 표현하기
위해 의상을 제작했고, 머리는 직업과 계층을
표현했어요. 모든 머리는 철사로 토대를 만들고,
올림머리를 해서 머리를 올려 고정한 방식이에요.
철사로 만든 토대에 천과 헤어 모발 피스, 여러
재료를 사용하여 실리콘과 철사 타이 등으로
고정하고, 봄을 느낄 수 있게 작품을 구현했죠.

변신을 통해 행복을 선물하는
헤어디자이너

변신을 통해 행복을 선물하는
헤어디자이너

변신을 통해 행복을 선물하는
헤어디자이너

작품 토대를 만드는 과정

철사를 이용해 굵은 기둥과 가는 줄기
등을 만들고, 머리에 고정할 수 있게 넓은
면적을 만들어서 기본 작업을 해야 모델이
착용하고 안전하게 워킹할 수 있어요.
이 작업이 모든 작품의 기본이 되는
작업이라고 할 수 있죠.

변신을 통해 행복을 선물하는
헤어디자이너

목 부분은 가벼움을 주기 위해 층을 많이 주었고, 탑과 사이드는 볼륨감을 주기 위해 층을 만들지 않았어요. 사이드는 귀를 파고, 꽂지 않게 짧게 잘라 중성의 느낌을 살렸죠. 밝은색으로 염색해서 젊은 느낌과 활동성을 부각했어요.

댄디 컷

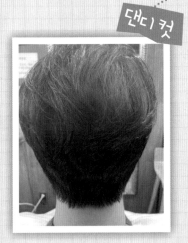

짧은 바리캉 커트를 싫어하는 고객들이 하는 머리예요. 바리캉을 사용하지 않고 가위로만 진행해서 가위 컷이라고도 불리죠. 여자 머리와 다르게 볼륨을 주면 안 되는 머리고, 슬림하게 만들어 주는 게 포인트라 레이어를 많이 주면서 시술을 진행했어요.

일명 청담동 사모님 커트라고 불리는
스타일인데요. 뒷부분은 볼륨을 주기
위해 단발로 자르면서 사이드는 귀에
꽂을 수 있게 커트로 진행했어요. 탑 또한
볼륨을 위해 너무 짧지 않게 자르는 것이
포인트예요. 고객들이 항상 대만족하죠.

변신을 통해 행복을 선물하는
헤어디자이너

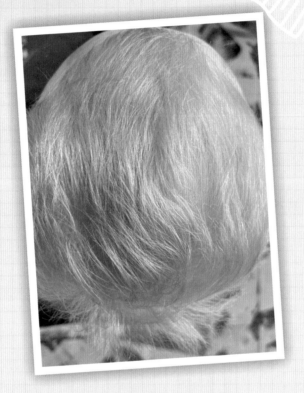

백모를 표현하기 위해서 탈색을 3회 진행했어요.
노란색을 잡기 위해 보색 작업을 진행했고,
12레벨의 화이트 염색을 토닝 작업 후
마무리했어요. 고객은 인생에서 한번은 흰머리를
하고 싶었는데, 소원을 이루었다며 즐거워했죠.

군대 가기 전에 회색 머리를 해보길
원해서 탈색 2회 후 12레벨의 그레이
색상으로 염색했어요. 고객은 만족했고,
한 달 뒤에 입대했죠.

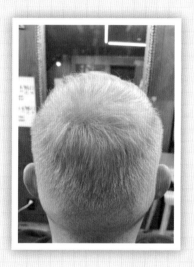

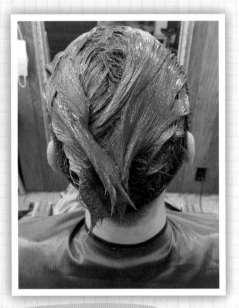

남성 레드와인 염색 시술

탈색을 세 번 진행하고, 마지막으로
블루 색상의 6레벨 염색으로 토닝
작업을 했어요. 푸른 바다색으로 잘
표현되었네요.

남성 레드와인 염색 시술

탈색 세 번 진행 후, 로즈 염색으로
8레벨 토닝하고 마무리했어요. 탁한
레드 빛이 아닌 본인이 원하던 쨍한
색상이 나와서 고객이 만족했죠.

여성 블랙 빼기 시술

탈색한 지 두 달이 넘었고, 집에서
셀프로 염색했다가 망쳐서 다시
염색을 지우고 뿌리 탈색을 원한
경우예요. 기존 염색 부분을 탈색
1회로 지우기 작업한 후에, 뿌리
2센티를 탈색 1회 작업했어요.

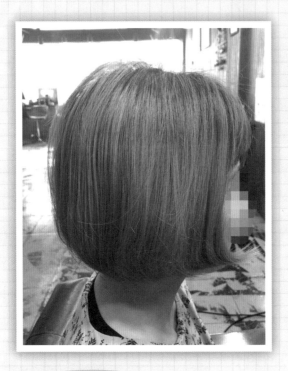

여성 레드 염색 시술

탈색은 한 번만 진행했고 6레벨의 어두운 레드로 염색했어요.
레드 색이라는 특성상 탈색을 한 번만 해도 되었고, 진한 레드를
원해서 낮은 레벨을 선택했죠. 이런 경우에는 색을 오래 유지할
수 있고 쨍한 색을 나타낼 수 있어요.

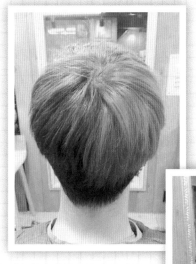

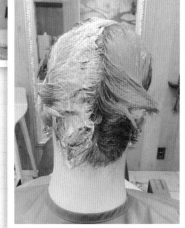

남성 4색 칼라 염색 시술

핑크, 그레이, 블루, 그린
컬러 염색 시술로 탈색 4회
진행했어요. 4등분으로 나누어서 중성 컬러로 각각 색을 입히고,
서로 오버랩되지 않게 랩을 씌워서 방치 후에 조심히 샴푸를
진행했어요. 머리를 말리니 색깔이 오버랩되면서 몽환적인
느낌이 연출됐어요.

남성 블루 염색 시술

머리를 투 블록으로 자른 후에 짧은 머리는
그대로 두고, 긴 머리만 탈색을 원해서 탈색
1회 진행했어요. 집에서 본인이 원하는
염색을 할 수 있게 해달라고 요청해서
베이스만 깔아주었죠.

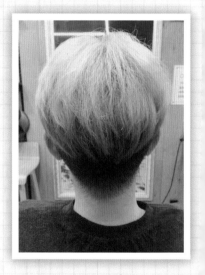

남성 카키 염색 시술

탈색을 네 번 진행하고 바리캉으로 자른
부분은 염색하지 않았어요. 탑과 뿌리는
밝은 에쉬 계열의 12레벨 블루, 회색, 카키를
믹스하여 염색하고, 밑단은 찐한 카키를
사용했어요.

댄디 펌

커트는 가위로만 진행하고 너무
짧지 않게 해야 해요. 펌은 핑클을
사용해서 한 듯 안 한듯하게 하는
게 포인트죠.

**투 블록 댄디 컷과
오션블루**

커트는 투 블록으로 속머리는 짧게
자르고, 탑 머리는 기르는 중이라
다듬기만 했어요. 탈색을 세 번
진행하고, 노란 톤을 잡는 보색
작업 후 오션블루 염색으로 6레벨
다운하여 진행했어요.

남성 가르마
투 블럭 컷 시술

머리를 투 블록으로 자른 후에 짧은 머리는
그대로 두고, 긴 머리만 탈색을 원해서 탈색
1회 진행했어요. 집에서 본인이 원하는
염색을 할 수 있게 해달라고 요청해서
베이스만 깔아주었죠.

머리숱이 많고 뜨는 머리여서
투 블록으로 짧게 잘랐어요.
아이론으로 파마를 해주어서
강한 머리도 죽이고, 파마도 잘
나온 케이스예요.

여러 상들

커트 단계의 수업을 모두
수료하고 통과해서 받은 피봇
커트 디플로마예요. 헤어디자이너
생활을 해오면서 정체기가 오고
부족함을 느끼게 되었을 때 이
기술을 배우게 되었고, 이후 점점
디자이너로서 완성되는 나 자신을
느낄 수 있었죠.

피봇 커트를 배우고, 염색에
대해 더 알고 싶은 마음에 새롭게
시도해 자격증을 취득했어요.

커트와 염색 위주로 디자이너
생활을 하다가 올림머리에
관심이 생겼고, 더 전문적으로
하고 싶은 생각에 올림머리에
특화된 아카데미를 수소문하여
알게 됐어요. 6개월 과정을
수료하고 통과했는데요. 하나하나
완성이 되어가면서, 나 스스로
단단해짐을 느낄 수 있었죠.

피봇 펌까지 모든 레벨을 완성하고
싶은 욕심에 커트 염색 펌까지
섭렵하게 됐어요. 포기하지
않았고, 피봇의 모든 단계를
수료하고 통과하게 되어 매우
만족했죠.

변신을 통해 행복을 선물하는
헤어디자이너

봄을 대표하는 개나리를 표현한
작품이에요. 박사 소논문을
쓰는데, 통계 논문이 아닌 작품
논문을 쓰고 싶어서 4계절을
대표하는 꽃으로 선택했어요.
모든 재료는 모발과 피스를
사용했고, 밑그림을 그린 후
붙여서 만들었어요. 그림이 아닌
입체적인 작품이죠. 작품을 이용한
논문을 남길 수 있었던 의미 있는
시간이었어요.

여름을 대표하는 나팔꽃을
모티브로 한 작품이에요.

겨울을 대표하는 동백꽃을
모티브로 한 작품이에요.

변신을 통해 행복을 선물하는
헤어디자이너

취미 생활

저는 원래 산업디자인과에 가고 싶었지만 아버지의 반대로
토목공학과에 가게 되었고, 지금은 미용 일을 하고 있지만 항상
그림에 대한 미련이 남아 있었어요. 그러던 중에 우연히 미술학원을
하는 손님을 알게 되었고, 지금이라도 그림을 그리고 싶다는 생각에
바로 학원에 등록했죠. 기초부터 배우고 싶어서 입시반에 들어갔고,
지금까지 미술을 취미로 하고 있어요. 미술학원 원장님의 개인전이
열린 인사동 미술관에서 찍은 사진이에요.

목공예 취미가 있는데, 순심이
밥그릇과 물그릇을 올려놓을 수
있는 받침대를 만드는 중이에요.

순심이는 온순한 성격과 지능이 높기로 유명한
래브라도 레트리버 종이에요. 시각 장애인
안내견을 하는 종이라고 설명하면 사람들이 쉽게
이해하더라고요. 어릴 때부터 마당에서 개를 키웠기
때문에 대형견을 좋아했고, 미용실 원장이 되면
대형견을 키우고 싶었어요. 그러던 중 미용실이라는
특성상 손님들과 잘 지낼 수 있는 종이 레트리버라는
사실을 알았고, 다행히도 순심이와 인연이 됐어요.
머리도 똑똑하고 이름처럼 순해서 저에게 행복을
가져다주고 있죠.

변신을 통해 행복을 선물하는
헤어디자이너

편 진로를 헤어디자이너로 정한 과정이 궁금해요.

김 원래 꿈은 그림을 그리는 사람이 되고 싶었어요. 어릴 때부터 그림대회에 나가면 입상을 했고, 그림 그리는 걸 너무 좋아했어요. 고1 때 미술 선생님이 적극적으로 홍대 미대를 추천하셔서 진로를 생각하게 되었는데, 아버지의 반대로 자연스럽게 공대인 토목공학과에 입학했어요. 2학년을 마치고 군 입대를 했는데, 일명 깍세라고 하죠. 운명인지 모르겠지만, 제 손가락이 작아서 가위가 맞는 사람이 저밖에 없더라고요. 그래서 제대할 때까지 하게 되었고, 이 일에 소질이 있다는 것도 알게 되었어요. 그래서 제대 후 자연스럽게 이쪽 일에 관심이 생기게 되었죠.

그러다가 탈색과 염색을 하는 헤어디자이너를 보고 내가 그동안 하고 싶었던 그림을 머리에 색을 칠하는 것으로 대체하는 기분을 느꼈어요. 집에서 반대했지만, 집을 나와 스스로 학원비를 벌면서까지 제 생각은 더 확실해졌어요. 헤어디자이너가 내가 원하는 직업이라는 확신이 들었죠. 그리고 작은아버지가 사업을 하시다가 나중에는 시의원을 하셨는데, 그걸 보면서 직원으로 사는 것보다 언젠가는 사장이 되어 작은아버지처럼 한번 살아보고 싶다는 로망이 있었던 거 같아요. 미용이 적은 돈으로도 사장이 될 수 있는 직업임을 직감했죠. 목표가 확실하고 본인이 좋아서 하면 힘든 일도 힘들지 않다고 하잖아요. 저한테 미용이 그런 일이에요.

편 헤어디자이너 김원일 선생님을 특별히 좋아하는 사람들은 누구인가요?

김 가식이 없고 사람의 마음을 알아봐 주는 사람들이요. 타인을 아프게 하지 말고 진실하게 대하자가 저의 가치관인데요. 아무래도 저와 비슷한 성향의 사람들과 각별한 사이가 되는 것 같고, 그런 분들이 저를 좋아해 주시더라고요. 외모와 다르게 마음이 따뜻하다고.

편 성공 노하우는 뭐라고 생각하세요?

김 성공의 노하우요? 저는 한 번도 제가 성공했다고 생각해 본 적이 없어요. 단지 제가 하고 싶은 일을 하면서 살아왔고, 그게 생각보다 잘 안되더라도 실패라고 생각하지 않았어요. 내가 하고 싶은 일, 내가 할 수 있는 일, 내가 즐거운 일을 하는 스타일이었죠. 남들이 말하는 성공의 기준으로 생각하지 않고, 내가 원하는 길로 가는 과정의 일부분이라고 생각했어요. 언젠가 그곳에 가 있을 거라고 믿으면서 노력하는 데 재미를 느꼈고요. 이게 성공이라면, 성공의 노하우는 생각의 차이일 것 같아요.

편 어떤 사람들을 만날 때 많은 영감을 받고 도움이 되나요?

김 저는 길거리에서 마주치는 사람들에게 영감을 많이 받아요. 주위에 있는 모든 분이 우리의 고객이기 때문이죠. 일반적으로 많이 하는 머리가 가장 인기 있는 게 뻔하고, 유행 또한 돌아온다고 믿기 때문에 과거의 패션에서 도움을 많이 받는 것 같아요.

편 헤어디자이너가 되기 전과 후의 인생은 무엇이 다른가요?

김 저의 인생은 헤어디자이너가 되기 전과 후가 확실히 다른데요. 헤어디자이너가 되기 전의 저의 인생은 어린아이였고, 부모님의 보호 아래 살아가는 사람이었어요. 그런데 헤어디자이너가 되고 나서는 내가 주체가 되고, 오로지 내 결정으로 누구의 간섭이나 누구의 탓도 아닌 나만의 인생이 만들어지고 있다고 느껴요. 항상 행복하죠.

편 김원일 선생님의 헤어디자인은 앞으로 어떻게 변할까요?

김 인생을 너무 계획적으로 사는 것도 스트레스잖아요. 저의 헤어디자인은 항상 그래 왔듯이 자연스럽게 큰 변화 없이 흘

러갈 것 같아요. 하루하루를 소중히 여기면서, 하루하루의 변화를 통해 인생 전체의 변화를 만들어가고 싶어요. 한참 지나고 나서 뒤를 돌아보면 변화가 있겠지만, 당장 오늘 내일에서 크게 변화를 주는 스타일은 아니거든요. 지금 제게 가장 소중한 건, 오늘 만나는 사람들과 그들의 헤어스타일, 그리고 하루하루입니다.

편 선생님의 꿈은 무엇인가요?
김 저는 어떻게 하면 행복하고 즐거울지 늘 생각하고 고민해요. 내가 즐겁고 행복한 인생을 사는 게 제 꿈이에요. 그래서 무슨 일이든 결정해야 하는 선택의 순간이 오면, 내가 즐거운 쪽으로 결정하고 그 결정에 후회 없는 삶을 사는 게 제 인생의 바람입니다.

이 책을 마치며

편 지금까지 장시간의 인터뷰였습니다. 말씀을 쉽고 재미있게 해 주셔서 시간 가는 줄 몰랐어요. 이제 마무리할 시간인데, 소감이 어떠신가요?

김 인간에게 있어 최고의 복은 인복이라고 하던데, 편집장님을 만나서 이런 기회를 얻게 되어 너무 행복했습니다. 편집장님이 잘 리드해 주셔서 처음보다는 떨림도 사라지고 솔직하게 인터뷰에 응하게 되었고, 지금이 너무 아쉽게 느껴져요. 인터뷰가 마무리되었다고 하니까, 이 책을 읽게 될 청소년들도 저희와 같은 느낌으로 마지막까지 읽었으면 하는 바람입니다. 너무 지루하거나 어려워서 중간에 덮지 않고 편안하게 읽어 내려가길 바랄 뿐인데, 여기까지 읽었다면 성공이겠죠. 청소년들에게 조금이나마 프러포즈가 되었기를 희망해 보면서 저 또한 헤어디자이너에 대해 한 번 더 매력을 느끼게 되었던 시간이었어요. 너무 감사합니다.

편 이 책을 읽는 청소년, 그리고 진로 직업에 대해 고민하는 많은 사람이 어떤 직업인이 되기를 바라나요?

김 어떤 직업인으로 살기보다는 내가 좋아하는 일, 내가 잘하는 일, 내가 즐거운 일이 무언인가를 생각했으면 좋겠어요. 직업에 나를 맞추지 않고, 직업이 나를 맞추게 하는 사람이 되기를 바랍니다.

편 선생님은 이 직업을 통해 행복해지셨나요?

김 헤어디자이너라는 직업을 선택한 순간부터 지금까지 한 번의 후회도 없었어요. 이 직업은 나에게 행복을 가져다준 선물입니다.

편 청소년 여러분, 누군가에게 행복을 선물하는 늘 가까운 아티스트. 다양한 헤어스타일을 통해 창의성을 표현하고, 고객의 변신을 통해 그들에게 만족과 행복을 선물하는 특별한 직업. 머리 위에 펼쳐지는 특별한 예술. 헤어디자이너는 누군가의 외모를 변화시키고 자신감을 북돋울 수 있는 무한한 힘을 가진 의미 있는 직업이라고 생각해요. 마지막 책장을 넘기는 여러분도 저와 같은 생각을 하리라는 기대를 해봅니다. 이 세상의 모든 직업이 여러분을 차별하지 않고 모든 문을 활짝 열 수 있도록 잡프러포즈 시리즈는 부지런히 달려갑니다. 다음 편에서 뵙겠습니다! 감사합니다.

나도
헤어디자이너

첫째, 중, 고등학교 학생이라면 네 명이나 다섯 명씩 조를 만들어서 손님, 인턴, 디자이너, 원장 등으로 역할 분담을 해보세요. 돌아가면서 각각 한 번씩 그 사람이 되어보는 가상 연기를 해보는 것을 추천해 드립니다.

둘째, 친구들의 머리를 한 번씩 해줘 보세요. 앞머리 자르기나 머리 묶기 등 소소하게 해주면서 나의 재능을 실험해 보세요.

셋째, 학교 근처에 머리 잘한다고 소문난 곳이 있으면 찾아다니면서 머리를 직접 해보세요. 친구들이 할 때도 같이 가보면서 느껴지는 것이 있으면 다이어리에 적어보세요.

넷째, 엄마나 아빠에게 미용실을 정할 때 무엇을 가장 우선으로 하는지 질문하고 답을 적어보세요. 그리고 본인의 생각도 적어보세요.

다섯째, 단골 미용실을 만들고 거기서 일하는 헤어디자이너에게 궁금한 걸 질문하고 느낀 점을 적어보세요.

여섯째, 내가 헤어디자이너가 된다면 어떤 헤어디자이너가 될
것 같은지 생각해 보고 적어보세요.

청소년들의 진로와 직업 탐색을 위한
잡프러포즈 시리즈 65

변신을 통해 행복을 선물하는
헤어디자이너

2024년 1월 25일 초판1쇄

지은이 | 김원일
펴낸이 | 유윤선
펴낸곳 | 토크쇼

편집인 | 김수진
교정 교열 | 박지영
표지디자인 | 이든디자인
본문디자인 | 문지현
마케팅 | 김민영

출판등록 | 2016년 7월 21일 제2019-000113호
주소 | 서울시 마포구 월드컵북로98, 2층 202호
전화 | 070-4200-0327
팩스 | 070-7966-9327
전자우편 | myys237@gmail.com
ISBN | 979-11-92842-65-3(43190)
정가 | 15,000원